아토스 성산의 무명의 수도사가 체험한 지성의 기도

# 예수 이름으로 바치는 기도

아토스 성산의 무명의 수도사
개요 및 주해 / 최대형
번역 / 엄성옥

## 예수 이름으로 바치는 기도
(The Watchful Mind: Teachings on the Prayer of the Heart)

| | |
|---|---|
| **초판 발행** | 2019년 11월 25일 |
| **저자** | 아토스 성산의 무명의 수도사 |
| **역자** | 엄성옥 |
| **개요 및 주해** | 최대형 |
| **발행처** | 은성출판사 |
| **등록** | 1974년 12월 9일 |
| | ⓒ 2019 은성출판사 |
| **전화** | (031) 774-2101 |
| **팩스** | (02) 6007-1154 |
| **전자우편** | esp4404@hotmail.com |
| | homepage: www.eunsungpub.co.kr |
| **주소** | 서울시 강동구 성내동 성내로3길 16 |

출판 및 판매에 관한 모든 소유권은 은성출판사에게 있습니다. 출판사의 서면으로 사전 허락이 없이 번역, 제제작, 인용, 복사, 촬영, 녹음 등을 할 수 없습니다.

ISBN: 979-11-89929-01-5 93230
printed in Korea

# The Watchful Mind

Teachings on the Prayer of the Heart

*by*

A Monk of Mount of Athos

## 차례

서문 / 7
개요 / 9

담론 1: 지성으로 바치는 기도에 관하여 / 45

담론 2: 지성의 기도 열매 / 69

담론 3: 완전한 지성의 기도를 얻는 방법 / 85

담론 4: 지성으로 바치는 기도의 은사를 얻기 위하여 / 97

담론 5: 지성의 기도 능력에 관하여 / 105

담론 6: 지성의 기도와 가책에 관하여 / 133

담론 7: 지성의 기도와 하나님의 은혜 / 141

담론 8: 지성의 기도와 하나님의 말씀이
        달콤해짐에 관하여 / 145

담론 9: 지성의 기도와 금식으로 인한
        영육의 탈진에 관하여 / 155

담론 10: 지성의 기도, 마음의 기도, 깨어서 바치는 기도의 실천 방법 / 163

담론 11: 지성의 기도로 정념과 정념의 소굴이 변화함에 관하여 / 167

담론 12: 지성의 기도와 사랑에 관하여 / 175

담론 13: 지성의 기도와 하나님의 위로 / 179

담론 14: 지성의 기도와 영적 분별에 관하여 / 191

담론 15: 지성의 기도와 가책에 관하여 / 201

담론 16: 지성의 기도가 마귀의 교활한 계략을
　　　　소멸하는 것에 관하여 / 213

담론 17: 지성의 기도가 영혼의 선덕을
　　　　하늘나라에 쌓고 보존함에 관하여 / 225

담론 18: 지성의 기도로 천상의 희락을 얻었다는
　　　　영적 표식에 관하여 / 239

담론 19: 마음 깊은 곳이 아플 때까지 쉬지 않고
　　　　그리스도께 바치는 지성의 기도 / 251

# 서문

천 년이 넘는 역사와 전통을 지닌 아토스의 거룩한 생활 방식은 영성의 신호등이요 하나님이 정교회와 세상을 위해 주신 유업의 방주이다.

아토스 산은 교회의 목자와 교사들, 순교사들과 거룩한 수도사들, 순결한 믿음의 순교자들, 고백자들, 거룩한 전통의 수도자들, 눈물의 강으로 영혼의 사막을 경작하고 무거운 짐을 지고 수고하는 형제들에게 회개의 열매를 공급한 진정한 수덕자들과 금욕자들을 배출해왔다. 그들은 삶의 책 안에 자신의 거룩하고 교훈적인 경험들을 기록했다.

이 책의 거룩한 내용은 영적 수덕주의와 기도에 반드시 필요한 자료이며, 아토스 성산의 이름이 알려지지 않은 수도 사제가 실천한 "성령을 받으려면 피를 내놓아라"라는 교부의 말을 충신하게 증언해준다. 저자는 하나님이 주입해주시는 깨어지킴과 진심에서 우러난 깨끗하게 하고 겸손한 기도의 장점을 경험했는데, 그것이 그를 신비한 환상과 신적 은사를 받게 해주었다.

  이 책의 각 장에서 저자는 거룩한 기도의 은사를 거룩하고 풍부하게 묘사하고, 교의적으로 언급하며, 자신의 경험을 기록했다. 기도는 하나님이 인간에게 주시는 고귀한 선물이며, 그로 인해 인간은 지고하게 선하시고 전능하신 하나님과 쉬지않고 교제하는 능력을 소유한다. 인간은 정념이나 마귀를 대적하여 싸울 때 기도로 하나님께 자비와 도우심을 구한다. 인간의 마음과 지성은 기도로 천상의 거룩한 감미와 은혜를 받으며, 하나님과의 교제에 참여할 수 있게 된다.

  이 책은 1851년에 저술되었고, 성 제노폰 수도원 도서관에 사본이 보관되었다. 이 책은 알려져 있지 않은 겸손한 수행자의 거룩한 영적 계시, 고통스러운 싸움, 신적 경험의 열매를 표현하고 있다. 거룩한 성산의 수도사는 하나님의 뜻에 따라 거룩한 교부들의 복된 길, 깨어지킴과 기도의 길에 따라 가르침을 받게 하려고, 그리고 우리가 이 세상에서 거룩함이 주는 신적 희락을 누리게 하려고 이 책을 저술했다.

  이 책에서 수덕생활과 순전한 지성의 기도를 통해서 오는 하나님의 은총을 누리기를 기원한다.

## 개요

"만일 당신이 하나님께 알려지기를 원한다면, 사람들에게 알려지지 않은 상태에 머물기 위해 최선을 다하십시오."[1]

이 책[2]의 저자는 위의 금언을 마음에 새기고 있었던 듯하다. 지금까지 저자가 의도했던 대로 하나님께만 알려져 있고 사람들에게는 알려지지 않고 있다.

그러나 본문 내용으로 보아 9세기 초-중반에 아토스 성산(Agio Oros)에서 독수도 생활했던 사제수도사(hieromonk)로 짐작된다. 오늘날 아토스 성산의 지도에 표기된 세 종류의 수도원이 있다: 한

---

1) St. Theognostos, *On the Practice of the Virtues, Contemplation, and the Priesthood* (The Philokalia, vol. 2 [London: Faber & Faber, 1990], 359). 한글 번역서 『필로칼리아』(엄성옥 역, 은성출판사. 제2권, "덕의 실천, 관상, 사제직에 관하여". 584쪽,

2) 이 책의 헬라어 원서명은 Neptike Theoria(Νηπτικὴ Θεωρία)이며, 영역본은 *The Watchfull Mind*이다.

울타리 안에서 공동생활을 하는 공주수도원(monastery, Μοναστήρι); 라브라(lavra) 형태의 반(半)-독거 스케테(skete, Σκήτι); 독거처로 셀(cell, κελλί), 또는 동굴(cave, επήλαιο). 이 책의 저자는 세 번째 형태의 생활을 한 것으로 짐작된다.

이 책은 저자의 서문, 담론,[3] 비전으로 구성된다. 이 책 전체에 흐르는 주제는 "마음의 기도"(καρδιακή προσευχη)이다. 저자는 이 기도의 명칭을 상황에 따라 다양하게 사용하고 있지만, 주로 "지성의 기도"(noetic prayer)라고 했다. 여기서 지성(noetic)이란 "순수한 정신", "정념에 영향을 받지 않는 무정념 상태의 정신", "깨끗한 마음"(마 5:8), "순전한 지성"을 의미한다. 이러한 의미로 한글 역본의 제목을 『예수 이름으로 바치는 기도』라고 정했다. 우선 마음, 또는 지성이라는 단어에 대해 깊은 이해가 없는 독자에게 낯설게 여겨질 것을 염려하였고, 그래서 몇 달 동안 고민해서 내린

---

3) 원서에 저자 서언, 담론 20개, 비전으로 구성되어 있지만, 한글 역본에서는 담론 하나와, "비전"을 생략했다. 생략한 "담론"의 하나는 성모 마리아에 치중된 내용이어서 개신교회 독자에게 교리적 이질감을 일으킬 수도 있으며, 특히 "비전"은 개인적 신비체험을 기록한 내용이어서 보편적인 영성을 추구하는 사람에게 장애가 될 수도 있다고 판단했기 때문이다. 전문(全文)을 원하는 독자는 원서에서 구하기를 바란다.

제목이다.

## 기도에 대한 정의

이 책의 저자는 초대 동방교회 전통의 수덕 신학을 견지하고 있다. 따라서 이 책은 초대 이집트 사막 수도사들에 관한 책들과 『필로칼리아』와 함께 읽으면 더 잘 이해할 수 있을 것이다. 이 책의 저자가 속한 수도원은 헬라 언어 영역인 그리스 북부 성산 아토스에 있는 수도원의 한 수도사였기 때문이다. 이곳 수도원들의 전통을 비잔틴 기독교의 중심이 되는 곳이다. 여기 비잔틴 기독교가 이슬람에 점령당하여 러시아로 이전하면서 러시아 정교회가 이어받았다. 러시아 정교회 전통의 스승들은 기도를 정의하기를 "하나님 앞에 서 있는 상태"라고 했다.

> "기도란 정신과 생각을 하나님께 향하는 것이다. 기도한다는 것은 정신을 가지고 하나님 앞에 서며, 동요함이 없이 하나님을 응시하며, 경건한 두려움과 소망을 가지고 하나님과 대화하는 것이다"(St. Dimitri of Rostov, 17세기).

은둔자 테오판(Theophan the Recluse)은 기도에 대한 정의에 한발 더 나아가서 "정신을 마음속으로 가지고 가서 하나님 앞에 서는 것"이라고 했다.

"중요한 것은 마음속에 정신을 가지고 하나님 앞에 서는 것이며, 삶을 마칠 때까지 밤낮 쉬지 않고 계속 하나님 앞에 서는 것이다"(은둔자 테오판).

이 정의는 다음의 말씀에 토대를 두고 있다.

"너는 기도할 때에 네 골방에 들어가 문을 닫고 은밀한 중에 계신 네 아버지께 기도하라 은밀한 중에 보시는 네 아버지께서 갚으시리라"(마 6:6).

### 정신, 영, 그리고 마음

저자는 인간의 세 가지 요소로 몸, 혼, 영으로 구성되어 있다고 본다.[4]

"몸은 흙으로 만들어진 것이지만 죽은 것이 아니라 살아있으며, 살아 있는 혼(soul)이 부여되어 있다. 혼 안에 영(spirit), 즉 하나님의 영이 불어넣어 졌다. 그것은 하나님을 알고 공경하기 위해서, 하나님을 맛보고 구하기 위해서, 그리고 오직 하나님

---

4) 인간은 육신, 영, 혼으로 구성되어 있다는 3원론과, 몸과 영혼으로 구성되어 있다는 2원론이 팽팽하게 주장되고 있다. 이 책의 저자는 3원론을 견지하고 있다.

안에서 즐거움을 얻기 위해서이다"(은둔자 테오판).

혼은 육신이 살아서 움직이게 하는 기능을 한다. 혼은 본성적인 차원에서 존재하게 하는 한편, 영은 인간이 하나님의 영과 교제하는 통로로서 하나님의 영, 성령과 우리 인간의 영의 통로이다. 그러니까 하나님을 알 수 있는 인간의 가장 고등한 기능이다.

타락 이전의 인간 영은 태초에 인간에게 불어넣어 주셨던 "생기"로서 순수한 지성(intellect, νους)이다. 이 지성이 하나님의 영과 통교하는 통로이다.

"여호와 하나님이 땅의 흙으로 사람을 지으시고 생기를 그 코에 불어넣으시니 사람이 생령이 되니라"(창 2:7).

이 책에서 주장하는 바는 몸과 혼과 영은 각기 어떤 대상을 앎의 방법이 다르다. 몸은 육신의 다섯 문(눈, 귀, 코, 혀, 피부)의 감각(五感; 시각, 청각, 후각, 미각, 촉각), 그리고 두뇌는 생각(意)을 "대상"으로 삼아 의식(意識)한다. 다시 말해서 우리는 여섯 개의 기능을 통해서 대상을 알게 된다.

이 여섯 가지 기능 외에 마음이라는 것이 있다. 앞에서 말한 여섯 가지 기능을 가지고 정신이 통합하여 의식하는 순간에 기억 속에 있던 기억이 되살아나면서 이 "정신의 현재 의식"과 연합하여 인식(認識)하게 된다.

이것이 마음(heart)의 작용이다. 그러므로 마음을 기억의 창고라고 불러도 무리가 없을 것이다. 다시 말해서 마음의 역할은 기억에 담고(memorize), 회상하고(recall), 인식(understanding)한다.

오늘날 보통 마음이라고 할 때 기분과 감정으로 영향을 받은 정신을 의미하지만, 그보다 더 넓고 깊은 의미가 있다. 마음은 기분과 감정만 아니라 "그 사람의 모든 것"을 담고 있다.

"하나님의 은혜가 성령의 법과 하늘의 비밀을 육의 마음판(고후 3:3)에 기록한다. 마음이 모든 육체의 기관을 다스리고 지배하며, 마음을 소유한 은혜는 모든 지체와 생각까지 지배한다. 마음 안에 정신도 있고 영혼의 모든 기능과 기대가 있음으로 은혜는 몸의 모든 지체에까지 꿰뚫고 들어간다. …마음의 깊이는 아무도 헤아릴 수 없다. 그 안에 응접실, 침실, 문, 현관, 여러 개의 사무실과 통로가 있다. 거기에는 의의 작업실과 악의 작업실이 있다. 그 안에 죽음도 있고 생명도 있다. 그 안에 선한 거래가 있고 악한 거래도 있다. …그리스도의 궁전인 우리 마음에 부정함이 가득하고 악한 영들의 무리가 가득하다. 그 궁전의 기초를 다시 세우고 다시 건축하며 방과 침실을 다시 정리해야 한다. 왜냐하면 왕이신 그리스도께서 천사들과 거룩한 영들과 함께 그곳에 오셔서 쉬고 거하시며, 그 안에서 거닐면서 그의 나라를 세우실 것이기 때문이다."[5]

이처럼 마음을 모든 기억의 창고라고 이해할 때, 인간 안의 세 요소(몸, 혼, 영)는 서로 연결되어 있다.

첫째, 마음은 육체 중 마음이 있는 장소이다. 초대 기독교를 포함해서 동서양 종교에서 마음이 심장(心臟) 안에 있다고 한다.[6] 그래서 영어로 심장을 heart라는 같은 단어를 사용한다. 이 책의 저자가 속한 정교회의 수도 전통에서는 마음(심장)은 육체, 몸의 한 장기(臟器), 유기체(有機體)로서 중심 역할을 한다. 즉 마음을 "육체의 마음", "근육으로 된 육신의 한 지체"라고 하므로 마음을 상징적으로나 형이상학적으로 이해하지 않고 있다.

---

5) 『마카리우스의 신령한 설교』(최대형 역, 은성출판사), 설교 15: 20(173쪽), 32(181쪽), 33(181쪽) 참조.

6) 육신 중에 마음의 기능을 하는 장기를 심장, 심장 근육이라고 한다.
불교에서는 심장 안에 용화수(龍華樹, punnaga; 보리수의 일종으로서 대추 씨 크기의 열매를 맺는다)의 열매 반만한 구멍 안이 있는데, 거기에 반 음큼(half pasata) 정도의 피가 들어 있다. 이것에 의지해서 의계(意界; mind element)와 의식계(意識界; mind-consciousness element)가 활동한다. 다시 말해서 이곳이 마음이 머무는 곳이라고 한다(The Pathe of Purification, VIII-111참조).

둘째, 마음은 인간의 심적인 구성 요소, 즉 혼과 연결되어 있다. 심장이 멈추면 즉시 혼은 떠난다.

셋째, 마음은 영과 긴밀하게 연결되어 있어서 마음을 하나님의 지성소라고 한다. 테오판은 "마음은 인간에게서 가장 심오한 부분으로서, 이곳에 자의식, 양심, 하나님에 대한 개념, 영성 생활의 모든 보화가 들어있다"라고 했다. 그래서 "마음"은 "속사람"이라고 부르기도 한다.

사도 바울은 우리 안에 "속 사람"(롬 7:22; 엡 3:6; 고후 4:16), 베드로는 "마음에 숨은 사람"(벧전 3:4)을 언급한다. 시편 기자는 "각 사람의 속 뜻과 마음이 깊도다"(시 64:6)라고 했으며, 영성가들은 이 구절을 즐겨 인용한다. 이 "깊은 마음"이 바로 순수한 인간 영이다. 이것은 존재의 핵심, 또는 정점이다.

14세기 라인강변의 신비가들은 이를 두고 "영혼의 근저"라고 했다. 여기서 하나님을 만나는 순간 "신적 불티"(Divine Spark)가 일어난다.[7]

이 "속 사람", 또는 "마음에 숨은 사람", 또는 "영혼의 근저"라

---

7) "내가 불을 땅에 던지러 왔노니 이 불이 이미 붙었으면 내가 무엇을 원하리요"(눅 12:49).

고 다양하게 불리지만, 태초에 첫 인간에게 불어넣어 진 하나님의 영, 하나님의 생기를 말한다.

"여호와 하나님이 땅의 흙으로 사람을 지으시고 생기를 그 코에 불어넣으시니 사람이 생령이 되니라"(창 2:7).

이 인간의 영이 하나님의 영과 통교하는 접점이며 하나님의 에네르기아(energia)가 인간의 영을 통해 전달된다. 이 영은 하나님을 알게 된다. 그러므로 마음은 하나님을 아는, 하나님을 보는 영의 눈이다.

### 마음속에 정신을 가지고

이 책을 이해하기 위해서 우선 몇 가지 단어 이해가 필요하다.

**정신**: 여기서 말하는 정신이란 마음의 대상을 지금, 이 순간에 느끼는 감각, 또는 생각들이다. 이 정신은 감정, 기(氣), 기분(氣分), 정념(情念), 또는 생각들에 의해 영향을 받는다. 이것들을 마음의 구성 요소, 즉 심소(心所)라고 한다. 초대 기독교, 정교회 전통에서는 정신에 영향을 끼치는 것을 정념이라고 부르며, 수없이 많은 기분을 여덟 가지로 정립했다. 정념은 본디 선도 악도 아니며 인간의 기본 옵션이다. 그러나, 원죄 이후 악한 것에 기우는 성향이 있게 되었으며, 그로 인해 마음 안에 전도(顚倒)된 기억, 즉

전도된 선입견이 형성되어 있다. 이 전도된 기억은 "각기 자기의 소견에 옳은 대로"(삿 21:25) 향하게 된다. 즉 전도된 영의 눈(마음) 으로는 하나님을 알지 못한다.

마음: 본디 "마음"이란 전도되지 않은 "순수한 영", 정념(또는 감정)에 영향을 받지 않은 "순수한 지성"을 의미한다. 하나님이 태초에 인간의 코에 불어 넣으신 "생기"이다. 하나님은 이 순수한 지성과 통교하시고 현존하신다. 이곳은 하나님이 계시는 곳(the place of God), 성소이다

"이스라엘의 하나님을 보니 그의 발 아래에는 청옥을 편 듯 하고 하늘 같이 청명하더라"(출 24:10).

이제 정교회의 수덕적 전통에서 "기도란 마음속에 정신을 가지고 하나님 앞에 서는 것"이라는 말을 어느 정도 이해할 수 있을 것이다. 부연(敷衍)하자면 "인간의 정신이 감정과 느낌에 휘둘리고, 전도된 가치관으로 말미암아 무상하고 헛된 세상을 향해 나아가려고 하지만, 기도자는 자기 정신을 순일(純一)한 마음, 순수한 지성 안으로 들어가서, 거기에 계시는 하나님 앞에 서는 것이 기도"라는 의미이다.

### 정신을 가지고 마음속으로 가는 길

정신을 가지고 마음, 즉 순수한 지성으로 들어가는 길은 오직 하나뿐이다. 예수 그리스도 이름으로 기도하는 길 외에는 다른 길이 없다.

"예수께서 이르시되 내가 곧 길이요 진리요 생명이니 나로 말미암지 않고는 아버지께로 올 자가 없느니라"(요 14:6).

인간에 육, 혼, 영의 세 요소가 있듯이 기도에도 세 가지 형태가 있다: (1) 구송기도, 또는 육체적 기도; (2) 정신의 기도; (3) 마음의 기도(또는, 마음 안에서 정신으로 정신 기도), 또는 영적 기도.

"우리는 말로만 아니라 정신으로 기도해야 하며, 정신만 아니라 마음으로 기도해야 합니다. 그리하면 정신은 기도하면서 한 말의 뜻을 분명히 알며, 마음은 정신이 생각하는 것을 느낍니다. 이 모든 것이 결합하면 참된 기도가 됩니다. 이 중에 하나라도 빠지면 완전한 기도가 되지 못합니다"(은둔자 테오판).

첫 번째, 몸으로 바치는 기도란 말로 바치는 구송기도, 또는 무릎을 꿇거나 서거나 부복해서 기도문을 낭송하는 기도이다. 그러나 입으로만, 또는 몸으로만 바치면 진정한 기도라 할 수 없다. 기도문을 낭송하면서 기도말의 뜻에 집중해야 한다. 즉 기도말 안에 정신을 가두어야 한다.

이럴 때 두 번째, 정신적 기도로 발전하게 된다. 기도가 내면적으로 될 때 기도말 자체가 점점 중요하지 않게 된다. 이때는 정신을 집중하여 내적으로 기도하는 것으로도 충분하며, 말보다 정신이 중요해진다. 서방교회 전통에서는 느낌의 기도, 또는 정감의 기도라고 부른다.

그러나 두 번째의 정신적 기도에 만족해서 안 된다. 기도는 사색하고 탐구하는 이성에 머물러 있으면 완전하지 않다. 이성(두뇌의 작용)을 버리고 마음으로 들어가야 한다. 마음 안에 있는 지성소, 순수한 지성으로 정신을 마음안으로 들어가서 정신과 마음을 결합해야 한다. 이것이 "순일한 마음의 기도", 또는 "순수한 지성의 기도"이다. 육신의 한 기능(두뇌의 작용, 정신)만 기도하는 것이 아니라, 몸과 혼과 영이 통합하여 바치는 기도가 되어야 한다.

여기서 "마음의 기도"는 영과 혼뿐만 아니라 몸도 연합해야 한다. 이 부분을 흔히 오해한다. 마음(심장)이 육체의 한 기관을 의미한다는 것을 잊어서는 안 된다. 기도할 때 몸도 긍정적으로 상조(相助)한다. 그리스도께서 다볼 산에서 모습이 변화되신 것처럼, 기도할 때 신적인 빛으로 인해 모습(likeness)도 변화된다. 내면의 성화 정도가 몸에 나타난다.

그러므로 육신으로는 계명의 삶을 통하여, 마음으로는 은혜를 토대로 예수 그리스도의 이름으로 쉬지 않고 바치는 기도로 내면에 하나님의 나라를 구현해야 한다. 흔히 기도와 함께 실천하는 계명의 삶을 간과한다. 이것이 현대 기독교인들이 범하기 쉬운 잘못이다.

### 두 가지 마음의 기도

마음의 기도에는 두 가지가 있다. 하나는 인간의 노력이 필요한 의도적(wilfulness)인 기도이며, 또 하나는 기도가 저절로 작동하는 자발적(willingness)인 기도이다.

자발적 기도란 누군가가 기도자의 손을 잡고 이 방에서 다른 방으로 이끌고 다니는 형태이다. 이 단계에서는 기도자가 기도하는 것이 아니라 성령께서 그의 내면에서 기도하신다. 선물로 주어지는 이 기도는 이따금 임할 수도 있고, 쉬지 않고 임할 수도 있다. 기도가 쉬지 않고 임할 경우 기도자가 표면적으로 무슨 일을 하든지 간에 그의 내면에서는 기도가 계속되며, 말하거나 글을 쓸 때도 진행되며, 꿈속에서나 아침에 깨어 일어날 때도 기도가 계속된다. 이 사람은 "쉬지 말고 기도하라"는 바울의 권고를 이룬 사람이다.

"성령께서 마음에 거처를 정하시면 거기서 항상 기도하실 것이므로, 그 사람은 쉬지 않고 기도하게 된다. 잠잘 때나 깨어 있을 때나 그의 영혼에 기도가 끊어지지 않을 것이다. 먹고 마실 때, 자리에 눕거나 일을 할 때, 심지어 깊이 잠들어 있을 때도 기도가 자동으로 마음에 주입될 것이다"(St. Issac the Syrian).

성경에서는 이것을 "내가 잘지라도 마음은 깨었는데…"(아 5:2)라고 했다. 이때부터 마음의 기도는 "신비적 기도"가 된다. 이 기도를 관상기도, 또는 "의식의 한계를 초월하는 기도"이다.

"관상의 상태란 정신과 시각이 압도적인 영적 대상에 사로잡혀 표면적인 일을 완전히 망각하며 의식이 부재한 상태이다. 정신과 의식이 관상하는 대상 안에 완전히 몰입되므로, 의식이나 정신이 전혀 없는 것처럼 된다"(은둔자 테오판).

정교회 신비가들은 이 상태를 "몰아의 기도"(prayer of ecstasy)라고 부른다. 처음에는 본성적인 마음으로, 그다음에 마음의 내밀(內密)한 곳, 즉 마음의 골방(마 6:6)으로 내려간다. 처음에는 마음의 내밀한 곳에서 성 삼위께서 창조 때 인간 안에 심으신 "하나님의 영"을 발견한 다음, 그 영과 더불어 하나님의 영을 통교하고 알게 된다. 아토스의 무명의 저자가 이 책에서 이러한 기도, 즉 지성의 기도(noetic prayer)를 설명하려는 것이다.

## 지성과 이성

현대 기독교인들에게는 생소하겠지만, 정교회 수덕 영성에는 지성(Intellect, νοῦς)과 이성(reason, διάνοια)은 구분해서 사용한다. 좁은 의미겠지만, 이성은 두뇌의 작용인 반면, 지성은 마음속 내밀한 곳에 있는 순전한 영의 작용이다.

이성은 어떤 대상의 표상(表象; image)이나 개념(槪念)을 탐구함으로써, 두뇌의 인식 작용으로서 개념을 기초로 하여 논증하고 연역적 추론을 통해서 대상에 대해서 안다. 이성은 사람에 따라서, 정황과 시대와 사회의 가치관에 따라서 인식한 결과가 다르다. 즉 대상을 인식하는 결과가 상구(常久)하지 못하고 변화하기 때문이다. 이성은 무상(無常)한 것이며 믿을 것이 못 된다.

이에 반해서 지성은 인간 안에 있는 최고의 기능이다. 인간 마음 내밀한 곳에 있는 지성, 순수한 지성은 하나님의 영과 통교하는 역할을 한다. 따라서 지성은 피조물의 내적 본성을 앎으로써 하나님의 진리와 실재를 이해(understanding)한다.

순전한 지성 즉, "성한 마음의 눈"(마 6:22)은 표층을 뚫고 들어가서 그 근저에 감추어져 있는 성성(聖性)을 보고, 실재(實在, the Real)를 체험한다. 그동안 "정념에 영향을 받은 지성"은 하나님을 개념으로 알지만, "순전한 지성"은 실재(實在, the Real) 하나님을 알고 친견한다. 예를 들면 하나님의 빛을 이미지, 또는 개념적으로 알았던 이스라엘 백성은 모세의 얼굴에서 빛의 실제 광채를 보았다. 그 광채는 피조된 빛(created light)이 아니라 피조되지 않은 빛(Uncreated Light)이다(요 1:4-5 참조).

이성은 하나님에 대해서 일방적으로 아는 폐쇄회로적 관계, 지성, 즉 정화되고 순수한 지성은 하나님을 친지하고 인격적 교제를 하는 관계, 즉 개회로적인 관계로 설명한다. 그런데 인간의 세 요소(몸, 혼, 영)가 상조(相助)하듯이 이성과 지성도 상조해야 한다. 처음에는 이성적인 학문, 학구적 탐구, 성경 공부에서 점차 그것을 초월하여 지성으로 나아가 하나님의 진리를 친치하는 데까지 나아가야 한다. 이것이 영적 여정에서 성장이라는 것이다.

### 정념

앞에서 말한 첫 번째 몸으로 바치는 기도의 단계에서 정신의 기도로 나아갈 때, 정념과 상상이라는 두 가지 장애를 만난다.

> "기도자가 해야 할 수덕적인 일 중에서 가장 중요한 것은 마음을 정념에서 멀리하는 것, 그리고 정신을 정념적인 생각들에서 멀리하는 것이다"(테오판).

앞에서 언급한바, 지성에 "정화", 또는 "순수"라는 수식어가 붙어 있다. 이 말은 정화되지 못한 지성, 또는 순수하지 못한 지성이 있음을 암시한다. 그러면 지성이 순수하지 못한 상태란 무엇인가? 그리고 그 원인이 무엇인가? 수도사라면 이러한 질문을 해야 할 것이다.

간단히 말하자면, 지성 앞에 붙은 수식어들을 "정념"이라고 부른다. 이 정념은 지성을 순수하지 못하게 하는 영적 불순물이다. 영의 눈인 지성을 덮는 것으로서 이때 하나님을 제대로 볼 수 없다. 그 결과 인간의 본디 목적을 망각하고, 삿된 길로 인도하여 목적을 잃는다. 이것이 정념의 역할이다.

초대 사막의 수도사들은 인간의 본디 목적, 신앙고백의 궁극 목적(the End)을 잊지 않으려고 애쓴 사람들이다. 그 목적을 망각하지 않기 위한 당면한 목표(immediate purpose)를 세우고 실천했다. 이들은 순수한 지성, 맑고 투명하고 오염되지 않은 순수하고 하얀 지성을 위해 모든 것을 포기하고 사막으로 들어갔다. 그래서 이들을 두고 하얀 순교자(white martyrs)라고 부른다.

이것이 그들이 세운 신앙의 "궁극 목적"은 "하나님 나라의 구현"이며, 당면한 목표는 "깨끗한 마음"(마 5:8)이었다.[8]

---

8) 『담화집』(요한 카시아누스, 엄성옥 역, 은성출판사), 34쪽 참조. "우리의 신앙의 궁극 목적은 하나님 나라이지만, 우리의 목표는 마음의 청결

깨끗한 마음이 이 책에서 말하는바 순수한 지성이다. 당면한 목표, 깨끗한 마음을 조성하기 위해 싸운 대상이 정념이다. 정념은 도깨비처럼 뿔이 달린 존재가 아니라, 인간 정신 깊이 뿌려진 영적 가라지, 악한 생각들이다.

정념은 우리가 잠든 사이에 다섯 감각(五感)과 생각(意)을 통해서 내면으로 들어온다. 이것은 사악한 선입견(先入見), 또는 기억을 형성한다. 사악한 선입견은 잠재해 있다가, 다음 기회에 동일하거나 비슷한 대상이 나타날 때 작용하여 미음이 인식할 때 함께 작용한다. 악한 선입견은 악하게, 선한 선입견은 선하게 작용하여 선입견을 재형성한다. 이렇게 인식작용은 순환하여 작용한다.

이에 대해 [담론 1]에서 전도(顚倒)된 사악한 선입견을 다루었다.

"자신을 성공한 위대한 사람이라고 여기고 정당화하게 했던 불순하고 오만한 생각이 강력한 기도로 마음을 누르기 시작하자마자 그런 생각들이 연기처럼 흩어져 사라집니다"(담론 1).

정념에 길들고 습관이 된 지성은 매우 위험하며, 가장 우선 다루어야 할 대상이다. 예수님은 산상수훈 서두를 팔복으로 시작하

---

입니다. 그것이 없으면 누구도 그 목적을 이룰 수 없습니다."

셨다. 이는 정념에 물들어서 전도(顚倒)된 사악한 기억을 우선 뒤집어야 한다는 중요성을 판단하셨기 때문이었을 것이다.

### 예수기도: 순수 지성을 위해 바치는 기도

이 책의 저자의 독거 기도처는 이러한 사악한 정념에 영향을 받은 생각들과 싸우는 전장(the Arena)이라고 한다. 이 생각들에 인격체로 보아서 마귀라고 부른다. 이 원수 마귀를 물리치는 유일하고 결정적인 무기는 "예수 이름"이다. 이 책에 나오는 글들은 순수한 지성을 더럽히려고 도발하는 악한 생각들에 예수 이름으로 대항하고 싸운 기록들이다.

"사다리의 요한은 예수의 이름으로 원수를 채찍질하라고 말합니다. 하나님은 악을 삼키는 불이십니다. 주님은 밤낮 전심으로 주님을 부르는 사람을 속히 도와주시며, 신속하게 원수를 갚아주실 것입니다."[9]

---

9) 『필로칼리아』(엄성옥 역, 은성출판사), 제5권: 시나이의 성 그레고리, "헤시카스트들에게 준 교훈 4". 89쪽.

지성으로 바치는 기도를 오늘날 관상기도,[10] 집중기도(attentive prayer), 또는 센터링 프레어(centering prayer)[11] 등으로 불린다.

관상이라는 말의 근원은 "깨어 있음"(watchfulness)이다. "깨어 있음"에 관한 성경 기사는 여러 곳에서 찾아볼 수 있다. 이는 육신이 잠 자지 않는 것보다 더 심오한 뜻이 담겨있다.

이 "깨어 있음"에 대해 초대 수도사들이 중요하게 받아들였던 몇 개의 구절이 있다. 정념(악한 생각들)을 가라지로 해석하여 내면에 들어오는 때를 "잘 때"(마 13:25 참조)라고 했다.

---

10) 기독교 전통에서 관상기도의 구체적 실천에 관한 근원은 14세기 영국의 무명 저자가 쓴 『무지의 구름』(엄성옥 역, 은성출판사)에서 비롯되었다. 그러나 이 기도를 구체적으로 실천했던 전통은 4세기 사막의 수도사들이며, 이 전통이 그리스 정교회 전통의 아토스 수도사들로 이어진다. 이 책은 아토스의 무명 사제 수도사가 관상기도를 실천하면서 경험한 신비적 체험을 기록한 것이다.

11) 20세기의 가톨릭 영성가들, 특히 토마스 키팅(Thomas Keating)은 『무지의 구름』에서 언급된 기독교 부정(apophatic)의 전통에서 실천하던 관상기도에 불교의 선(禪) 수행 방법과 연결해서 현대 신앙인에게 소개한 기도 방법이 센터링 프레어(Centering Prayer)이다. 이를 가톨릭에서는 "향심기도"라고 부른다.

미련한 다섯 처녀에 대한 비유가 매우 자극적이다.[12] 예수님이 마지막 밤 제자들에게 "시험에 들지 않게 깨어 기도하라"(막 14:38)고 하시면서, "깨어 있어 도둑이 집을 뚫지 못하도록 하라"[13]고 하셨다. 지금도 아토스 성산의 수도원에서는 실제로 자정에 수도사들이 일어나서 기도한다.

이들은 무엇을 지키려고 한밤중에 깨어서 기도하는가? 실재 재물이나 귀중품을 훔치러 오는 도둑을 지키는 것인가? 아니다! 그보다 더 귀중한 마음을 원수로부터 지키려는 것이다.

마음을 빼앗기면 모든 것을 빼앗긴다! 마음의 주인이 전 존재를 장악한다. 사악한 존재, 마귀에게 마음을 빼앗기면 전 존재가 사악하게 된다. 이를 마귀에 마음이 점령되었다고 하거나, 사악(邪惡)에 염심(染心)되었다고도 한다.

반대로 예수님이 마음의 주인이 되면 전 존재가 예수님을 닮는다: "너희 안에 이 마음을 품으라 곧 그리스도 예수의 마음이

---

12) "밤중에 소리가 나되 보라 신랑이로다 맞으러 나오라 하매…그런즉 깨어 있으라 너희는 그 날과 그 때를 알지 못하느니라"(마 25:1-13).

13) "너희도 아는 바니 만일 집 주인이 도둑이 어느 시각에 올 줄을 알았더라면 깨어 있어 그 집을 뚫지 못하게 하였으리라"(마 24:43).

니"(빌 2:5). 예수님을 마음의 주인으로 모시기 위해 우리는 "주 예수 그리스도!"(the Lord Jesus Christ)를 부른다. 그분은 창조주 하나님의 독생자이시며, 우리 인간을 긍휼히 여기시고 사악에서 구하실 분이시기 때문이다. 이 설명을 간단한 기도말로 구성하면 예수기도가 된다: "주 예수 그리스도 하나님의 아들이여, 제게 자비를 베푸소서!"

마음이란 무엇인가? 보통 세상에 사는 우리들은 마음이라는 것에 그리 신중할 필요가 없다. 마음은 그냥 마음이다. 그러나 양심에 민감한 신앙인이라면 행동 결과보다 그 동인(動因)을 알려고 노력해야 할 것이다. 그러려면 마음의 작용을 세밀히 분석해 봐야 한다. 마음의 태도가 행동을 낳기 때문이다.

보통 마음을 이렇게 표현한다: "마음이 기쁘다; 마음이 허망하다; 갖고 싶은 마음; 교만한 마음" 등. 이렇게 한마음을 꾸미는 수식어는 다양하다. 이 수식어는 모두 "기분"에 상관되어 있다. 사도 누가는 "마음의 생각이 교만한 자"(눅 1:51)라고 기록했다. 즉 "교만"이 마음을 꾸미고 있다. 이 책의 저자는 마음에 관해 이렇게 기록했다.

"마음은 즐기는 것을 바라며, 섬기는 것의 종이 됩니다"(담론 17).

그러면 마음을 형성하는 요소가 몇이나 될까? 그 수를 알 수 없다(不知其數). 그러나 그들의 공통된 요소를 묶어서 몇 가지 개념으로 정리하면 조금 이해가 쉬워질 것이다.

이러한 작업을 4세기의 에바그리우스와 요한 카시아누스가 수행했다. 그들은 마음을 꾸미는 것, 즉 정념을 여덟 가지로 나누었다.[14] 이것이 8정념이라는 것이다.[15]

본디 정념의 본질은 인간 정신에 기본으로 장착된 선도 악하지도 악하지도 않은 것이었지만, 원죄로 말미암아 악한 성향이 되었다. 정념에 물든 정념은 악한 개념과 생각들을, 그것이 악한 태도

---

14) 실제로 마음을 꾸미는 것이 여덟 가지만 있는 것이 아니라, 여덟 개의 "이름, 또는 개념"이며, 각 이름에 들어 있는 "실재"(the real)는 무수(無數)하다. 그러나 에바그리우스와 요한 카시아누스와 8정념의 개념을 정리했다: 독수도사 에바그리오스, 『필로칼리아』 제1권. "정념과 생각의 분별에 관하여", 42-62쪽; 요한 카시아누스, 『필로칼리아』 제1권, "여덟 가지 악덕에 관하여", 101-127쪽; 요한 카시아누스, 『담화집』 제1권 담화 5: 여덟 가지 악덕에 관하여, 143-171쪽.

15) 마음을 꾸미는 요소를 마음의 부수((附隨), 또는 심소(心所)라고 하며 (『아비담마 길라잡이』 1권, 대림, 각묵 공저, 초기불전연구원, 221쪽 도표 참조), 초대 기독교 수도전통에서는 8정념으로 구분 짓는 것에 비해 더 세밀하게 52개로 나눈다.

를, 그것이 악행을 감행하게 한다. 이것이 이 책 저변에 깔린 정념의 메커니즘이다.

한 마디로 다시 말해서, 정념에 물든 "악한 생각들"(thoughts)이 죄악의 조종(祖宗)이다.[16] 그래서 가톨릭에서 여덟 정념을 재편해서 7죄종(七罪宗; seven deadly sins)이라 부른다.

이처럼 인간의 기분(氣分, feeling)이 마음을 꾸미고 형성한다. 한 번 형성된 마음은 다시 기분과 정신을 분리할 수 없다. 이것은 바닷물에서 남한강의 물과 북한강의 물을 나눌 수 없는 것과 같다. 이처럼 한 찰나[17]에 마음이 정념으로 물들면 원상으로 돌아가기란 불가능하다. 그리고 지금 당면한 정념뿐만 아니라 과거에 형성되고 저장된 선입견과도 싸워야 한다.[18] 찰나적 마음의 작용이라

---

16) "마음에서 나오는 것은 악한 생각과 살인과 간음과 음란과 도둑질과 거짓 증언과 비방이니 이런 것들이 사람을 더럽게 하는 것이요"(마 15:19-20).

17) 초대 불교에서는 물질과 마음이 변화하는 최소 단위를 찰나(刹那)라고 한다. 물질 찰나는 1초에 75번, 마음 찰나는 이보다 16배 더 빨라서 1,200번 생주몰(生住沒)을 상속(相續)한다(『아비담마 길라잡이 I』, 대림, 각묵 공저, 초기불전연구원, "역자 서문", 51-55쪽 참조).

18) 선입견(prepossession; πρόληψις)을 고행자 마가는 이것을 "기억 안

면 인간 능력으로 통제하기란 불가능하다.

 그러나 우리 영혼을 유린하려는 찰나적 정념일지라도 "영원하신 하나님"(the Eternal)과 함께 한다면 문제없다! 그러므로 지성을 사악으로부터 지키기 위해서는 영원하신 하나님을 한순간도 망각해서는 안 된다. 그러기 위해서 예수 이름을 "염두(念頭)"에 두고, "기억(기념)"하고, 쉬지 말고 기도해야 한다.

 이 책에서 저자가 강조하는 것은 "쉬지 말고 예수 이름을 부르면서 기도하라"이다. 순수한 지성을 지키기 위해서 바치는 기도(watchful prayer), 즉 예수기도(Jesus Prayer, εύχή Ἰησοῦς)는 마음의 지성을 정념으로부터 간수(看守)하기 위함이다.

## 기억

 예수기도는 정신을 정(淨)하게 한다. 정한 마음은 하나님을 뵙는 은혜를 받는다(마 5:8). 영의 눈이 정결하여 그 시선이 지고의 선,

---

 에 무의식 상태로 존재하고 있는 과거의 죄"라고 정의한다. 이 선입관 또는 사욕편정(邪慾偏情)의 상태는 인간을 특별한 유혹에 굴복하기 쉽게 만드는바 되풀이되는 악한 행동, 습관이 된 결과이다. 인간은 자유의지를 가지므로 마귀의 도발을 거부할 수 있지만, 실제로는 유혹에 길들어지고 습관이 되어 점점 유혹을 거부하기 어렵게 만든다.

하나님께 집중할 때, 온 천지가 밝아지면서 하나님을 뵙게 된다.

"눈은 몸의 등불이니 그러므로 네 눈이 성하면 온 몸이 밝을 것이요"(마 6:22).

"성한 눈"을 직역하면 "한 개의 눈"(single eye)이다. 이리저리 살피지 않고 한 대상에만 고착된 시선, 흩어진 정신을 한 데 모아들여서(recollection) 하나의 대상에만 몰두(attention)하는 단순(single; ἁπλοῦς)한 눈을 말한다.

그런데 보통 인간은 쾌락의 대상은 취(取)하고, 고통의 대상은 배척한다. 전자를 집착, 후자를 분노라고 한다.

사막 수도승들은 쾌락의 대상을 추구하는 인간 정신을 "푸줏간 앞에 서성이는 개(犬)"로 비유했다. 그리고 분노를 개가 물고 있는 뼈다귀를 빼앗기지 않으려고 사납게 짖는 것에 비유했다. 그러므로 개 같은 정신을 단속하기 위해서 "예수 이름"에 묶어 두어야 한다. 이것이 "예수기도의 능력"이다.

주님은 최후의 만찬 때 제자들에게 떡과 포도주를 나누어 주시면서 "나를 기념(기억)하라"고 당부하셨다. 그 후 부활하신 주님이 엠마오를 향해 가던 두 제자를 만나서 "떡을 뗄 때" 그들의 눈이 밝아지고, 부활하신 주님을 알아보고, 다시 예루살렘으로 돌아갔다(눅 24:13-35절 참조). 이것이 성찬의 능력이다.

지성(nous, νοῦς)의 기도는 모든 수덕생활에서 필수적인 신앙 행위이다. 신앙생활의 모든 요소를 연결하는 기도로서 내적 기도(inner prayer)와 깨어 경계함(νηψις)이라고 부른다.[19] 깨어 경계함이란 지성이 정화되어 청결하게 된 상태를 일컫는다. 청결한 상태에 있다는 것은 마음에 부정(不淨)한 것이 하나도 없는 상태, 마음의 대상이 유일하게 하나님에게만 향해 있는 상태이다.

정교회 영성에서 이러한 상태를 엑스터시(ecstasy; ἔκστασις)라고 하는데, 이때 사변적 이성의 관념적인 생각을 모두 초월한 상태, 또는 몰아(沒我) 상태에 머문다.

---

[19] 헬라어 nepis(νηψις)는 "깨어 경계함"(watchfulness)이다. 즉 술에 취하여 인사불성이 된 것과 반대되는 상태로서 영적 절제(spiritual sobriety), 조심(alertness), 경계(vigilance) 등을 의미한다. "깨어 경계함"이란 내면에서 일어나는 생각과 환상을 지켜보며 마음과 지성을 지키는 경계(attentiveness; προσοκή)하는 태도를 의미한다. 성 헤시키우스는 "깨어 경계함"이 보다 넓게 정의해서 덕의 실천 범주 전체를 지칭한다. 그것은 마음의 청결과 정적과 밀접하게 연결된다. 『필로칼리아』의 헬라어 제목은 *The Philokalia of the Niptic Fathers*, 풀어서 해석하자면, "깨어 경계함이라는 덕을 실천하고 가르친 교부들의 필로칼리아"라고 할 수 있다.

## 무정념과 마음의 청결함

그리스 철학에서 무정념은 "정념이 없음"이지만, 실제는 그 상태에 도달하기는 불가능하다. 차라리 한 대상에만 지성이 머무는 것이 오히려 현실적이다. 그래서 무정념에 대한 기독교적인 표현은 "지극히 선하신 하나님 한 분에게만 마음(또는 지성, νοῦs)이 거두어진 상태"라고 할 수 있다.

이 상태는 정신을 예수 이름에 머물도록, 한순간도 예수 이름을 망각하지 않아야 한다. 왜냐하면, 예수 이름으로 귀신을 쫓아내며(막 16:17), 예수 이름 외에는 구원에 이를 수 없기 때문이다(행 4:12).

한 번 예수 기도에 의해 퇴각당한 원수는 이를 갈면서 다음 기회를 엿본다. 처음에는 험악하고 거칠게 공격하지만, 한번 패배한 후에 다시 공격할 때는 전혀 다른 전술전략을 편다. 재차 공격하는 원수들은 온순한 양이 된다. 전쟁에 패한 왕이 조공을 바치면서 갖은 존숭과 순종의 맹세를 한다. 이때가 결정적으로 위험한 때이다. 원수는 우리가 정말 승리한 것으로 착각하게 만든 다음 처음보다 더 악한 허영과 교만을 심는다. 앞의 여섯 정념은 관련된 부분만 망치지만, 허영과 교만은 전 존재를 한순간에 망쳐버린다. 원수의 교활한 공격은 영적으로 높이 올라간 사람에게 더욱 극심하다.

"이것은 우리가 위에 말한 방식으로 기도할 필요가 없다고 생각하여 기도를 소홀히 하며, 원래의 악한 정념이나 더 크고 악한 정념에 빠지지 않도록 하기 위한 하나님의 섭리에 따른 것입니다. 그러므로 주님은 '더러운 귀신이 사람에게서 나갔을 때에 물 없는 곳으로 다니며 쉬기를 구하되 쉴 곳을 얻지 못하고 이에 이르되 내가 나온 내 집으로 돌아가리라 하고 와 보니 그 집이 비고 청소되고 수리되었거늘 이에 가서 저보다 더 악한 귀신 일곱을 데리고 들어가서 거하니 그 사람의 나중 형편이 전보다 더욱 심하게 되느니라'(마 12:43-45)라고 말씀하십니다"(담론 1).

허영은 교만을 낳는다. 이 둘은 연합해서 작용하는데, 실은 분별하기란 매우 어렵다. 허영 없는 교만이 없으며, 교만 없는 허영은 없기 때문이다. 이 둘은 천사장을 한순간 사탄으로 타락시켰다. 교만은 모든 정념을 수반(隨伴)한다. 그러므로 교만을 물리치면 모든 정념이 물러간다.

"이렇게 완전한 단계에 이른 기도가 교만을 녹여 없애므로 한순간도 교만이 내면에 자리 잡지 못합니다. 이는 따뜻한 햇볕이 서리를 없애는 것과 같습니다. 이제 온유하고 겸손하신 예수가 당신 안에 거하시며, 마음에 주님의 온유와 겸손을 새기고 인칩니다"(담론 5).

교만의 치료제는 겸손이다. 이 겸손의 모범은 "자기를 비워 종이 되신 그리스도"(빌 2:7)이시다. 그러나 우리에게 가장 분별하기 어려운 것은 "허영에 물든 겸손"이다. "겸손한 채 하는 허영심"은 마귀의 최후 병기이다. 교만은 모든 죄를 수반하듯이 겸손은 모든 덕을 수반한다. 결국 겸손은 영성 생활의 가장 중요하다.

저자는 겸손의 진위를 가리는 시금석으로 가책을 꼽았다. 저자는 담론 6에서 가책과 안식의 불가분 관계를 강조하고 있다.

우리에게 "가책"이 없을 때가 가장 위험하다. 가책은 회개와 눈물과 온유함과 겸손을 낳는다, 하나님은 겸손한 영혼에 안식을 주신다. 이 안식은 전쟁과 갈등이 없는 평화, 마귀의 시험과 세상의 어떤 자극에도 흔들리지 않는 상태이다.

"주 하나님이 지극히 자비하시며 사람들을 사랑하신다는 것을 생각할 때 가책과 쉼이 가득해집니다"(담론 6).

### 평온(또는 정온): 헤시키아

정교회 영성에서 이러한 내적 평화를 헤시키아(hesychia)라고 부른다. 이 내적 평온함은 어떠한 외적 자극에 흔들리지 않는다. 심

지어 꿈의 환상에도 마음이 흔들리지 않고 중도를 걷는다.[20]

그동안 개념적으로 알았던 하나님을 삶 속에서 실재 하나님을 체험한다. 그동안 개념적 빛을 보았지만, 피조되지 않은 빛(요 1:4)을 본다.

한 번 하나님 나라의 희락을 한 번 맛본 후에 마음의 대상이 획기적으로 변화한다. 그동안 세상적 쾌락을 쫓고 하나님 나라를 위한 수덕생활은 싫어했지만, 이제는 하나님 나라를 좇고 세상 쾌락을 멀리한다. 저자는 이것을 "하나님 사랑의 화살에 찔렸다"라고 했다.

"마음이 하나님의 사랑의 화살에 찔린 이유를 아시겠습니까?
이는 마음을 지으신 하나님이 오셔서 그 안에 계시기 위해서입니다"(담론 17).

하나님 사랑에 한 번 찔린 사람은 점점 더 하나님 나라를 갈급해진다. 하나님 사랑이 지극하여 내면에 신적 불티(divine spark)가 일

---

[20] "…너희는 삼가 행하여 좌로나 우로나 치우치지 말고 너희 하나님 여호와께서 너희에게 명령하신 모든 도를 행하라 그리하면 너희가 살 것이요…"(신 5:32-33).

어난다. 번쩍! 한순간 지극히 짧지만, 하나님을 보았다.

이것이 관상의 초기 단계이다. 지극히 짧은 순간에 불확실하지만, 하나님 나라를 맛 보았다. 사랑에 더욱 갈증이 심해진다!

### 하나님 나라의 구현

사랑은 순전한 지성을 방해하는 정념들을 소멸한다. 볼록렌즈를 통과한 햇볕이 초점을 이루면 불이 일어난다. 얼음으로 만든 볼록렌즈로 북극에서도 물을 끓인다. 사악한 세상에 우리 마음이 하나님 사랑 하나에 초점을 맞추면 불을 일으킨다.

신적 불티! 순수 지성이 일으키는 불티, 이 불을 "무정념의 불"이라고 했다.[21] 이 불티는 무지를 깨고 대상의 표상을 뚫으며, 그 근저에 감추어져 있는 하나님의 성성을 비춘다. 이때 우리의 지성은 하나님을 본다!

> "신적 계시를 통해서 영혼의 아름다움과 고귀함을 거울로 보듯이 보기를 원합니까? 그렇다면 마음 깊은 곳이 아플 때까지 쉬지 말고 지성으로 그리스도께 기도하십시오"(담론 19).

---

21) 『필로칼리아』, 제1권: 포티케의 디아도쿠스의 "영적 지식과 분별에 관하여", 387쪽.

**지성으로 바치는 기도 프레임**

이제까지 서론의 글은 복음주의 개신교회 전통에서 쉽게 접하지 않는 수덕적 개념으로 설명했다.

작금에 우리에게도 영성에 대한 관심이 깊어지면서 향심기도, 센터링 프레어, 관상기도, 침묵기도, 예수기도 등으로 불리는 다양한 기도가 소개되어서 참으로 좋은 현상이라고 생각된다. 그러나 수덕적 전통이 없는 우리에게는 또 다른 교회 성장의 기법이나 프로그램으로 생각하는 면이 보여서 염려가 된다. 그러나 이 책이 한국 개신교회 전통이 추구하는 복음주의의 활동에 내면적인 한 파트너가 되어 균형을 이루는데 한 역할을 기대하는 바이다.[22]

이 책의 저자가 전하고 싶은 부분은 이러한 것과는 상관없다. 저자의 의도는 "정신을 가지고 마음으로 내려가서 은밀한 중에 계시는 하나님 앞에 서라"는 것이다.

그러기 위해 우리는 눈에 보이는 표층을 뚫고 들어가 근저에 감추어져 있는 하나님의 성성을 봐야 한다. 그것을 보려면 우선해서

---

22) 독자의 이해를 돕기 위하여 좀 상세한 "개설"을 책 서두에 달았으며, [담론]에도 풋노트 형식으로 해설을 달았다. 그리고 중요하다고 생각되는 것은 중복으로 해설을 달았다.

영적 눈인 지성을 가리는 장애를 제거해야 한다. 장애 제거는 우리 인간의 능력으로는 불가능하여 예수 이름을 쉬지 않고 부르는 기도 외에는 딴 길이 없다: "이르시되 기도 외에 다른 것으로는 이런 종류가 나갈 수 없느니라 하시니라"(막 9:29). 예수 이름으로 지성이 밝아지면 그때서야 하나님의 은혜로 하나님을 아는 지식을 얻는다. 이때 우리 몸 세포 하나하나에 영적 지식으로 가득 채워질 때, 하나님의 나라가 우리 몸에 구현된다.

이 모든 인간 행위는 선재하는 하나님의 은총임을 잊어서는 안 된다. 그러므로 쉬지 말고, 자비로우신 예수 이름을 부르면서 기도하자!

"주 예수 그리스도 하나님의 아들이시여, 제게 자비를 베푸소서! 아멘."

2019년 입동절기에<br>최대형

# 담론

# 담론 1

### 지성으로 바치는 예수기도에 관하여

복음서에서 우리 주 예수 그리스도는 "나를 믿는 자는 그 배에서 생수의 강이 흘러나오리라"(요 7:38)고 말씀하십니다. 그러므로 영원히 흐르는 샘에서 물이 솟아나듯이 마음에서 성령의 생수가 솟아나기를 원하는 사람은 "주 예수 그리스도, 하나님의 아들이시여, 나를 불쌍히 여기소서"(마 15:22; 막 1:47; 요 18:38)라는 지성적인 마음의 기도를 얻기 위해 노력해야 합니다. 이 기도를 호흡에 맞추어서 해야 합니다. 이 기도가 영구히 마음에 자리 잡기를 원하는 사람은 먼저 무엇을 준비해야 하는지에 귀를 기울여야 하며, 그다음에 그것을 실천하는 방식을 경청해야 합니다.

지극히 깨끗하신 하늘의 왕 우리 주 예수 그리스도께서는 경솔

하고[1] 준비되지 않고 더러운 마음에 들어오시지 않습니다. "하나님은 경솔한 마음에 들어오시지 않습니다. 혹 들어오신다고 해도 곧 떠나가십니다."[2] 하나님은 준비된 신중하고 깨끗한 마음에 들어오십니다. 이렇게 준비하는 것에 대해서 다윗은 "하나님이여 내 마음이 확정되었고 내 마음이 확정되었사오니 내가 노래하고 내가 찬송하리이다"(시 57:7)라고 말합니다. 그는 먼저 "내 마음이 확정되었고"라고 말한 후에 "내가 노래하고 내가 찬송하리이다"라고 말합니다. 이것은 그리스도를 받아들이려면 먼저 마음을 준비하고 깨끗하게 해야 한다는 것을 보여줍니다. "마음으로 주

---

1) 여기서 "경솔"(imprudence)이란 분별력이 없음을 말한다. 이와 반대는 "신중"(愼重, prudence)이다. 영성 형성에서 사용하는 "신중"이란 용어는 우리가 보통 이해하는 것보다 더 깊은 의미를 지닌다. "신중"이란 깨끗한 지성으로 하나님의 뜻과 계획, 그리고 하나님을 아는 지식으로 분별하는 능력이다. 성경에서 prudence를 "명철", "총명", "슬기로움" 등으로 해석한다: "이는 그가 모든 지혜와 총명을 우리에게 넘치게 하사; Wherein he hath abounded toward us in all wisdom and prudence"(고후 1:8); "나 지혜는 명철로 주소를 삼으며 지식과 근신을 찾아 얻나니; I wisdom dwell with prudence, and find out knowledge of witty inventions"(잠 8:12).

2) Damascenus Studites, *Oration* 4:331(New York: Atlantis Greek Book C;., Inc., 1943).

께 노래하며 찬송하며"(엡 5:19)라는 말처럼 마음에 그리스도를 받아들인 후에 기뻐하고 즐거워하면서 마음으로 쉬지 않고 묵상하고 기도할 수 있습니다.

마음 준비는 꾸준한 금식, 많은 몸의 고통, 지극한 겸손 등으로 이루어집니다. 꾸준한 금식은 몸에서 악한 욕망의 실체와 그 작용을 제거해 해줍니다. 한편 육체적인 많은 고통은 육에서 제어할 수 없이 솟아오르는 것을 억제하고 죽입니다. 지극한 겸손은 기도를 가져다 주며, 기도하는 사람에 대한 일종의 선언입니다. 샛별이 뜨면 곧 해가 떠올라 세상을 밝게 비출 것을 알려주고 선포하듯이, 지극한 겸손은 복음의 메시지를 준비한 사람에게 기도가 그의 마음에 들어올 것을 선포하고 알려줍니다. 마음에 들어온 이 기도는 영혼과 마음과 지성에 예수의 이름에서 발현되는 밝은 빛을 비추어줍니다.

지성이 조명될 때 영혼에 유익한 것과 해로운 것을 분별할 수 있습니다. 등불이 캄캄한 밤중에 걷는 사람의 앞을 비추어서 길을 잃지 않고 걸어갈 수 있게 하듯이, 지성이 영적인 빛이신 그리스도의 조명을 받는 사람을 구원하여 그리스도에게 인도해주는 참되고 확실한 길과 영원한 멸망과 마귀에게 인도하는 거짓된 길을 분별합니다.

위에서 말한 것처럼 우리는 미리 준비하거나 더 엄격하게 훈련

함으로써 더욱 완전하게 준비하거나 수덕생활을 통해서 정념을 죽인 후 지성을 물질과 분심거리로부터 불러들여야 합니다. 고개를 숙이고 잠을 자지 않고 지키는 노련한 파수꾼처럼 가슴의 중심[3]을 응시하며, 입을 움직이지 말고 말없이 통회하고 수고하여 기도를 시작하십시오. "여호와여 내가 깊은 곳에서 주께 부르짖었나이다 주여 내 소리를 들으시며 나의 부르짖는 소리에 귀를 기울이소서"(시 130:1-2)라는 말씀처럼 마음 깊은 곳에서 기도해야 합니다. 기도할 때 호흡을 약간 억제해야 합니다.

그동안 지성은 기도하는 곳을 떠나서는 안 됩니다.[4] 기도하는

---

3) 여기서 "가슴의 중심"은 "심장"을 가리킨다. 심장(心臟)은 마음을 담당하는 육신의 기관이라는 뜻이다. 심장(heart)은 육신에 피를 공급하는 생명의 중심 기관이며, 영적으로 마음(heart)은 존재의 중심이다("개요" 풋노트 6), 15쪽 참조).

기도자가 기도할 때 심장에 시선을 집중하는 것은 존재의 중심인 마음에 임재해 계시는 하나님께 영적인 시선을 집중한다는 의미다. 그래서 문맥의 정황에 따라 "마음의 기도", 또는 "심장의 기도"라고 한다.

우리는 심장에 계시는 하나님께 시선을 집중할 때 악한 정념에 점령당한 영혼이 살게 된다: "모세가 놋뱀을 만들어 장대 위에 다니 뱀에게 물린 자가 놋뱀을 쳐다본즉 모두 살더라"(민 21:9).

4) 지성(intellect, νοῦς)이란 하나님을 아는 인간 최고의 기능, 순수지성(νοητός; noetic)에 머물러 있으려면 하나님 전(殿), 마음에 머물러 있

곳이 뜨거워지기 시작하면, "힘을 얻고 더 얻어 나아가"(시 84:7)라는 말씀처럼 더 열심히 기도해야 합니다. 이렇게 기도를 반복하면 기도하는 곳, 즉 가슴 안쪽이 아프기 시작할 것이며, 마음속 깊은 곳에서 기도가 끓어오르기 시작할 것이며, 마치 영원히 흐르는 샘에서처럼 "신적이고 영적 개념의 이미지"[5](divine and spiritual conceptual image)가 솟아오르기 시작할 것입니다.

이것은 복음서에서 "두세 사람이 내 이름으로 모인 곳에는 나도 그들 중에 있느니라"(마 18:20)는 주님의 말씀처럼 그리스도께서 마음 안에 들어와 거하신다는 것을 분명히 보여주는 징후입니다. 다시 말해서 세 가지, 마음과 지성과 주의집중이 모여서 주님의 이름을 묵상하는 곳에 주님도 함께 계십니다. 주님은 "우리(아버지와 주님)가 그에게 가서 거처를 그와 함께 하리라"(요 14:23)라고 말씀하십니다. 이런 까닭에 여기서 쉽게 기도할 수 있습니다.

---

어야 한다. 정신이 세상이나 감각적 쾌락을 좇아 이리저리 끌려다니지 않도록 마음을 정주(定住, stabilitas)시키고 간수(看守, watchfulness)하도록 해야 한다.

[5] "신적이며 영적인 개념적 이미지(divine and spiritual conceptual image)란 앞에서 언급한 정념에 영향을 받은 전도된 불선한 이미지가, 바르게 형성된 선한 개념적 이미지를 의미한다.

쇠가 충분히 달구어졌을 때 쉽게 연장을 만들 수 있고, 풀무에 불을 붙일 때 한꺼번에 장작을 넣는 것이 아니라 불쏘시개로 서서히 불을 댕긴 후 본격적으로 활활 타면 장작을 넣듯이, 사람의 마음도 그렇게 다루어야 합니다. 마음에 성령의 불이 붙은 사람은 매우 열심히 뜨겁게 쉽게 기도합니다.

이러한 뉘우침의 열정적인 기도가 멈출 때 기도자는 정신을 차리고 자신을 바르게 이해합니다. 다시 말해서 기도로 형성된 마음의 통회를 경험하기 이전의 생각과 기억은 마귀가 놓은 덫이요 가시요 막대기요 교묘한 장치임을 알게 됩니다.[6] 그는 다음과 같은 사실 때문에 이것을 잘 깨닫습니다: 자기 스스로 성공한 위대한 사람이라고 여기고, 자기를 정당화했던[7] 불순하고 교만한 생각을

---

6) 기도로 바르게 형성되기 이전의 생각과 개념은 "정념에 영향을 받아서 전도(顚倒)된 의식"이다. 다시 말해서 일시적인 것을 영원한 것으로, 괴로움을 즐거움으로, 속은 자아(僞我)를 진정한 자신으로, 더러운 것을 정결한 것으로, 세상을 하나님의 나라로 생각한다. 주님은 산상수훈에서 거꾸로 된 우리의 생각을 뒤집기 위해서 역설적인 팔복을 맨 앞에 두셨다(마 5:3-12; 눅 6:20절 이하 참조).

7) "자기 정당화"(justify himself)란 "아직 죄인된 우리를 의롭다고 하시는 하나님의 칭의 권세"를 도둑질하여 "자기 스스로를 의로운 자라고 선포하는 행위"를 말한다.

강력한 기도로 마음을 누르기 시작하자마자 그런 생각들이 연기처럼 흩어져 사라집니다.

그때 "내가 악인의 큰 세력을 본즉 그 본래의 땅에 서 있는 나무 잎이 무성함과 같으나 내가 지나갈 때에 그는 없어졌나니 내가 찾아도 발견하지 못하였도다"(시 37:35-36)라는 말씀이 그에게서 성취됩니다. 가상의 거짓된 자기 정당화가 마음에서 사라지면, 기도자는 덕이 없는 적나라한 자신의 모습을 볼 뿐만 아니라, 자신이 세리처럼 불쌍한 죄인임을 깨닫습니다.

이것이 세리와 바리새인에 대한 비유입니다(눅 18:9~14). 기도로 통회하지 않은 사람은 바리새인처럼 더욱더 자신을 옳다고 여기며 자신을 의롭고 거룩하다고 여깁니다. 그러나 기도로 인해 일어나는 회개와 탄식으로 마음이 깨어진 사람은 겸손하고 자신을 바리새인과 같다고 생각합니다.

할례받지 못했으며 스스로 정당화하는 마음을 품은 사람은 교회에 들어갈 때 가책, 또는 하나님과 거룩한 것에 대한 진정한 공경심을 느끼지 않으므로 하늘의 사랑이 임하지 않습니다. "이미 도끼가 나무 뿌리에 놓였으니 좋은 열매 맺지 아니하는 나무마다 찍혀 불에 던져지리라"(눅 3:9)라는 말씀처럼, 그는 잘려 불에 던져져야 할 열매 없는 나뭇가지처럼 몸 안에 서 있습니다. 이런 사람의 기도는 따뜻함이 없는 마음에서 나오는 것으로서 차가운 지성과 말로만 이루어집니다. 따라서 바리새인의 경우처럼 이러한 기도는 그에게 저주가 됩니다.

그러나 기도의 힘 때문에 깨지고 겸손한 마음을 품은 사람은 교회에 들어가는 순간 하나님과 신적인 것에 대한 참되고 강력한 공경심에 둘러싸이고 사로잡힙니다. 거룩한 공경심이 감싸기 때문에 하나님의 에너지[8]를 인식합니다. 그는 기쁨으로 인해서 자신이 세상의 교회 안에 있는 것이 아니라 하늘의 예루살렘에 들어왔고(히 12:11; 계 21:21), 영화로우신 왕이 무수히 많은 천사의 찬양을 받으시는 곳에 있다고 확신합니다. 그때 기쁨과 공경심으로 눈에서 뜨거운 눈물이 강같이 흘러나와 "나의 죄를 씻어 주소서 내가

---

8) 에너지(energy, ἐνεργία), 또는 에네르기아(ἐνεργία)는 정교회 영성 신학에서 중요한 개념의 하나이다. 즉 하나님의 본질(essence, ουσια)과 활동(ἐνεργία)을 구분하여, 인간은 하나님의 본질은 알 수 없지만, 하나님의 활동(계시)을 통해서 알 수 있다.

정교회 영성 신학자 블라디미르 로스키(Vladimir N. Lossky)에 따르면 신적 에네르기아는 하나님이 우리 인간에게 현현(顯現)하시는 방식이다. 즉 하나님의 에네르기아는 모든 피조물 안에 있으며, 우리 인간은 은총으로 에네르기아를 통해서 하나님을 알게 되고, "신성한 성품에 참여"할 수 있다. 따라서 하나님은 인간에게 전(whole) 존재를 보여주면서도 그 본질의 초월성이 유지된다. 간단히 말해 하나님은 인식 가능하면서 알 수 없는 분이시라는 역설이 성립된다.

눈보다 희리이다"(시 51:7)라는 말씀처럼 모든 죄를 씻어줍니다.

이렇게 거룩한 공경심을 경험한 후에 또 다른 은혜가 그를 찾아와 감쌉니다. 즉 눈물의 은혜 다음에 육체적으로는 인식되지 않지만, 영적으로 경험되는 거룩한 위로가 임합니다. 그는 영적인 눈으로 그것을 보며, 그것이 기드온의 이슬(삿 6:36-40)처럼 위로부터 하늘에서 그의 머리에 내려온다고 이해합니다. 그것은 그의 머리에서 흘러내려 온몸을 적십니다. 다시 말해서 그를 거룩하게 합니다. 그래서 시편 기자는 "머리에 있는 보배로운 기름이 수염 곧 아론의 수염에 흘러서 그의 옷깃까지 내림 같고"(시 133:2)라고 말합니다. 그리하여 그의 온몸은 매우 가벼워지고, 영적 위로와 위안이 가득하게 됩니다.

그는 이 은혜로부터 자신이 하나님의 친구가 되었다는 확신을 얻으며, 시편 기자처럼 "내게 즐겁고 기쁜 소리를 들려 주시사 주께서 꺾으신 뼈들도 즐거워하게 하소서"(시 51:8)라고 말합니다. 즉 이 은혜의 표적으로 말미암아 "주께서 당신의 비천한 종인 나의 모든 죄를 용서하시고 위로하셨음을 이해하게 해주셨으니 감사합니다. 내 죄가 나로 하여금 항상 깊은 구덩이 가장자리에 있게 하시고 내 뼈가 지옥의 두려움 앞에서 떨게 하였습니다"라고 말합니다.

그때 "하나님께서 구하시는 제사는 상한 심령이라 하나님이여 상하고 통회하는 마음을 주께서 멸시하지 아니하시리이다"(시 51:17)라는 말씀처럼 하나님께서 그의 회개와 기도를 받으셨음을 드러내 주는 성경 말씀이 그의 입에 임합니다.

그는 이러한 생각을 즐길 뿐만 아니라, 마음에서 한층 더 거룩한 개념이 생겨납니다. 지성의 기도의 조명이 죄의 어두운 구름을 깨뜨리고 흩어버리므로, 그는 "이에 그들의 마음을 열어 성경을 깨닫게 하시고"(눅 24:45), "나를 믿는 자는 성경에 이름과 같이 그 배에서 생수의 강이 흘러나오리라"(요:38)는 말씀의 적합성에 관해 묵상합니다. 그 사람의 마음은 신적이고 개념적인 이미지들 때문에 끓어오르고, "내가 입을 열어 비유로 말하며 예로부터 감추어졌던 것을 드러내려 하니"(시 78:2)라는 말씀처럼 비유로 말합니다. 그때 그리스도께서 "내가 불을 땅에 던지러 왔노니 이 불이 이미 붙었으면 내가 무엇을 원하리요"(눅 12:49)라고 말씀하신 불이 그의 마음에 가득해집니다. 다윗이 "주의 의로운 규례들을 지키기로 맹세하고 굳게 정하였나이다"(시 119:106)라고 말했듯이, 그때 성령의 에너지로 점화된 거룩한 사람은 내적으로 그리스도의 계명을 흔들림 없이 완전히 지키기로 결심합니다. 기도하는 동안 노력한 분량에 따라 이처럼 신적 사랑의 생생하고 뜨거운 에너

지가 그에게 주어집니다.[9]

이렇게 30분 동안 기도하면 마음의 기도의 에너지가 하루에 30분, 최대한 하루는 남아 있을 것입니다. 그러나 그 이상 유지되지 못합니다.[10] 대장장이가 풀무에서 꺼낸 쇳덩이는 불처럼 되어 타오르지만 잠시 후에 식기 시작하여 차가워지고 철 본래의 모습을 회복하듯이, 통회하면서 뜨겁게 기도하는 사람은 성령의 에너지로 뜨겁게 달아오르며 마음에서 신적 개념의 이미지의 생수가 솟아오르지만, 기도를 멈추면 그 생수의 흐름이 멈춥니다.

이것은 우리가 위에 말한 방식으로 기도할 필요가 없다고 생각하여 기도를 소홀히 하며, 원래의 악한 정념이나 더 크고 악한 정

---

9) 신적 불티(divine spark)에 관한 상황을 말하고 있다. 기독교 신비가들에 의하면 마음이 오직 선한 대상에 집중할 때, 즉 무정념의 상태로 마음이 청결하고(마 5:8) 순일(純一)할 때 신적 불티가 일어난다.
『필로칼리아』 스승들은 이를 "무정념의 불"이라고 부른다. 이때를 "지성이 하나님을 보는 순간", 또는 "영지를 얻는 관상의 순간"이다. 그런데 이 순간은 그리 길지 않다. 저자는 30분, 길어야 하루를 넘기지 못한다고 한다.

10) 하나님의 현존 체험은 아직 불완전하다. 이는 낡아지는 겉사람, 즉 육신(구후 4:16 참조)을 쓰고 사는 동안에는 맛보아 알 정도이다(시 34:8 참조).

념에 빠지지 않도록 하기 위한 하나님의 섭리에 따른 것입니다. 그러므로 주님은 "더러운 귀신이 사람에게서 나갔을 때에 물 없는 곳으로 다니며 쉬기를 구하되 쉴 곳을 얻지 못하고 이에 이르되 내가 나온 내 집으로 돌아가리라 하고 와 보니 그 집이 비고 청소되고 수리되었거늘 이에 가서 저보다 더 악한 귀신 일곱을 데리고 들어가서 거하니 그 사람의 나중 형편이 전보다 더욱 심하게 되느니라"(마 12:43-45)라고 말씀하십니다.

그러므로 항상 기도해야 합니다. 바울이 "쉬지 말고 기도하라"(살전 5:17; 마 26:1)라고 권면한 것처럼 쉬지 말고 기도해야 합니다. 끊임없이 기도해야 하지만, 항상 위에 설명한 방식으로 마음으로 통회하며 강력하게 기도해야 하는 것은 아닙니다(왜냐하면 그것은 거의 불가능한 일이기 때문입니다). 그러나 때에 따라 다른 방식으로라도 끊임없이 기도해야 합니다. 예를 들어 통회하는 마음으로 강력하게 기도하다가 가슴 안쪽이 견딜 수 없이 아프기 시작하면, 아픈 가슴이 치료되고 회복될 때까지 어느 정도 강도를 줄이고 한층 온건하고 편안한 방식으로 기도할 수 있습니다.

이렇게 회복되면 강력하게 통회하는 마음의 기도를 다시 시작하십시오. 항상 지성을 집중하고 마귀의 공격으로부터 마음을 지키십시오. [11] 마귀가 공격을 시작하면, 지성이 일어나서 마음이 아플 때까지 기도로 강력하게 마음을 짓눌러야 합니다. 그리하면 즉시 바람에 구름이 흩어지듯이 사탄의 공격이 사라질 것입니다.

마음의 통회하는 기도로만 마귀의 공격을 몰아내고 제거할 수 있습니다. 이 기도를 소홀히 하는 사람은 영적으로 죽을 위험에

---

[11] "지성을 집중한다"라는 의미는 "세상이 주는 감각적 쾌락 등 정념에 휘둘리는 마음을 돌이켜서 지극히 선한 대상인 하나님께만 집중한다"라는 의미이다.

마음은 대상이 나타날 때만 작동한다. 이때 마음과 함께 동시에 일어나는 것이 있는데, 그것을 정념, 기분, 느낌, 감정 등이라고 하며, 불가에서 이것을 마음 부수, 또는 심소(心所)라 부른다.

정념은 어떤 대상에 대해서 마음과 함께 작동하고, 그것이 마음을 꾸민다. 우리는 마음을 꾸미는 정념(또는 감정, 심소)을 일어나지 못하게 할 수 없지만 전능하신 하나님의 도우심으로 조절할 수는 있다. 이를 두고 요한 카시아누스는 "방앗간 주인이 풍차를 멈추게 할 수 없지만, 밀이나 가라지를 빻는 일은 선택할 수 있습니다. 이처럼 우리는 정신에 영적 묵상을 공급할 수도 있고, 세상의 염려를 공급할 수도 있지만, 항상 움직이는 정신이 생각들을 멈추게 할 수는 없습니다"라고 했다(『필로칼리아』, 제1권 133쪽).

우리는 하나님 한 분만 사랑의 대상으로 삼고 오매불망(寤寐不忘) 하나님만 생각한다면 선한 결과를 얻게 될 것이다. 그러므로 잠든 사이에 원수가 쳐들어올까 해서 항상 깨어있어서 마음을 간수(看守)해야 한다.

처합니다. "의인이 겨우 구원을 받으면 경건하지 아니한 자와 죄인은 어디에 서리요"(벧전 4:18)라는 말씀이 이것을 분명히 보여 줍니다. 가차 없고 무자비한 원수 마귀가 우리가 죽을 때까지 온갖 방법으로 공격하듯이, 우리도 숨이 끊어질 때까지 그리스도의 이름으로 마귀와 싸워야 합니다.[12] 어느 교부가 본 환상을 통하여 이러한 방식의 기도가 우리 마음에서 정념과 귀신을 어떻게 몰아내고 죽이는지 배우십시오.

어느 형제가 수실에서 탄식하면서 마음으로 통회하며 아파하면서 기도하다가 엑스터시 상태에 들어가 셀 수 없이 많은 귀신을 보았습니다.[13] 귀신 중에는 개처럼 생긴 귀신, 들나귀처럼 생긴

---

12) "예수의 이름으로 원수들을 채찍질하라. 하늘이나 땅에서 그보다 강력한 무기가 없다"(요한 클리마쿠스의 『거룩한 등정의 사다리』, 21단계).

13) 엑스터시(ἔκστασις; ecstasy)란 사랑이나 강한 열망의 영향을 받아서 자신과 모든 피조물에서 벗어나 몰아(沒我) 상태로서 하나님만 지향하는 상태를 말한다. 이는 사변적 이성, 관념적인 생각 일체를 초월하게 된다. 문자적으로 보면 자신에게서 떠나 객관적으로, 또는 하나님의 시선으로 보는 상태라고 생각된다.

사도 바울은 14년 전 셋째 하늘에 이끌려 간 경험에 대해 기록한 것과 같다(고후 12:12): "그가 몸 안에 있었는지 몸 밖에 있었는지 나는

귀신, 염소처럼 생긴 귀신, 여우처럼 생긴 귀신, 그밖에 다른 형태의 귀신들이 있었습니다(이것은 사람의 정념이 다양하고 많다는 것을 의미합니다). 귀신은 수효가 많기 때문에 많은 공간을 차지했습니다. 이는 각 계층에 많은 귀신이 속해 있었기 때문입니다. 그 형제는 귀신들을 보고서 조금도 불안하지 않았습니다. 형제는 주 그리스도에 대한 믿음, 담대하게 내면에서 끓어오르는 기도, 그리고 화염 같은 마음을 가지고 있었으므로 눈에 보이는 유형의 무기가 아니라 보이지 않는 무적의 무기를 들고 주님의 이름으로 싸우려고 귀신들에게 돌진했습니다. 그는 귀신들 앞에 이르러 마음 깊은 곳에서 "주 예수 그리스도 하나님의 아들이시여, 나를 불쌍히 여기소서"라고 기도하기 시작했습니다. 예수님의 이름으로 강압했기 때문에 마음이 찢어지고 떨어져 나가는 것 같았습니다.

  형제가 이 방식으로 "주 예수 그리스도 하나님의 아들이시여, 나를 불쌍히 여기소서"라고 한 번 기도하면서 마치 귀신 하나를 붙잡아 멀리 내던지는 것 같았습니다. 그는 다시 강력하게 기도하

---

  모르거니와 하나님은 아시느니라."
    때로 엑스타시스를 몽환(夢幻) 상태나 정상적인 의식 상실 등의 현상으로 나타날 수 있지만, 반드시 이런 현상만 나타나는 것은 아니다.

면서 또 다른 귀신을 내던졌습니다. 이렇게 반복하면서 예수의 이름으로 많은 귀신을 몰아냈습니다. 즉 그리스도의 은혜로 대부분의 정념에서 벗어났습니다. 그러나 귀신 중에서 다루기 힘들고 공격적인 귀신은 제자리에서 움직이지 않은 채 격분하여 사나운 눈으로 형제를 바라보면서 "이곳은 오래전부터 우리의 거주지였으므로 우리를 이곳에서 몰아낼 수 없다"라고 말했습니다. 이것은 오래된 정념을 제거하기 어렵다는 의미입니다.

형제는 이 말을 듣고 마음이 상하여 슬퍼하면서 지성의 기도를 실천하는 다른 방법, 매우 고귀하고 희귀하고 찾기 어려운 방법을 발견했습니다. 그는 자신이 "주 예수 그리스도 하나님의 아들이시여, 나를 불쌍히 여기소서"라고 강력하게 마음을 몰아가는 것처럼 느끼고, 자기 마음이 완전히 기도가 되고 기도와 하나가 되기를 원했습니다. 이렇게 초자연적으로 마음으로 통회한 후에 "내가 피곤하고 심히 상하였으매 마음이 불안하여 신음하나이다"(시 38:8)라고 말한 다윗처럼 깊이 신음했습니다. 엄청난 힘과 극심한 비탄 때문에 죽을 것 같았습니다. 그가 무겁게 깊이 한숨을 쉴 때 오만하고 사나웠던 귀신들은 마치 불칼을 피하듯이 도망쳤습니다. 이것의 의미는 "울며 씨를 뿌리러 나가는 자는 반드시 기쁨으로 그 곡식 단을 가지고 돌아오리로다"라는 말에서 찾을 수 있을 것 같습니다. 그가 내면에서 마음으로 아파하면서 깊이 탄식할수록 더 많은 귀신이 몰려나갔습니다. 그가 많은 귀신을 몰아낼수록 더 많은 결실을 보았습니다.

형제가 귀신들이 있던 곳을 깨끗하게 한 후에 고개를 들어 앞을 내다보니 쫓겨나간 귀신들 모두가 다시 들어올 기회를 엿보고 있었습니다. 이것은 마음의 기도의 초자연적인 힘으로 정념들을 제거한 후에도 정념들의 기억이 정신 안에 남아있다는 의미로 해석됩니다. 하나님께 대한 경외심과 기도가 남아 있지 않으면, 정념들이 되살아납니다. 형제는 귀신들을 완전히 멀리 쫓아내려고 의자에 앉아 고개를 무릎에 대고 "너는 어찌하여 내게 부르짖느냐"(출 14:15)라는 말씀을 들은 모세처럼 기도하기 시작했습니다. 이렇게 지성으로 기도하고 있을 때 갑자기 그의 입에서 불이 나와 귀신들을 태웠습니다. 총구에서 총알이 나오듯이 형제의 입에서 화염이 나왔습니다. 그것이 무섭게 귀신들을 덮쳤기 때문에 많은 귀신이 완벽하게 제거되었습니다. 그것은 참으로 놀라운 일이었습니다. 왜냐하면 형제가 마음의 기도를 강력하게 하는 데 비례하여 그의 입에서 화염이 나왔기 때문입니다. 그가 강력하게 기도할 때 포탄 같은 것이 입에서 나왔는데, 그것 하나만으로도 많은 강한 귀신들을 제거할 수 있었습니다. 그러나 그의 기도의 힘이 약해지면 작은 포탄이 나왔는데, 그것은 작은 귀신들을 공격했습니다. 이러한 광경을 목격한 후에 정신을 차린 형제는 솥에서 끓어

넘치는 물처럼 자기 마음에서 기도가 끓어오르고 있는 것을 보았습니다.

또 다른 형제도 지성으로 기도하면서 비슷한 환상을 보았습니다. 그는 환상 중에 바다의 모래처럼 많은 귀신을 보았습니다. 귀신들은 군인의 모습을 하고서 그를 지면에서 제거하려고 사납게 돌진해왔습니다. 그는 자신이 귀신들의 맹렬한 공격을 두려워하고 있음을 깨닫고서 그리스도에게 도움을 구하려고 급히 교회로 달려 들어갔습니다. 그는 교회에 들어서는 순간 영광의 보좌에 앉아 계신 그리스도의 이콘[14]을 보았습니다.

형제는 "왕은 사람들보다 아름다워"(시 45:2)라는 말씀처럼 아름다운 그리스도를 보았습니다. "주는 심히 위대하시며 존귀와 권위로 옷 입으셨나이다"(시 104:1)는 말씀처럼 그리스도는 말할 수 없이 아름다운 얼굴에 해보다 더 깨끗하고 밝은 영광을 입고 계셨

---

14) 이콘(icon)과 성화는 다르다. 이콘은 성경 말씀을 글이 아니라 그림(형상)으로 설명한다. 이콘은 누구나 그릴 수 있는 것이 아니라, 성경 중에 정경과 위경을 엄격히 구분하듯이, 교회에서 권위를 인정받은 사람만이 그릴 수 있다. 이콘에 사용하는 재료조차 엄격히 관리한다.
한때 이콘을 우상이라고 여겨서 파괴까지 하는 일이 있었으나, 에큐메니컬 공의회(제7차 니케아 공의회, 843년)에서 건전하고 정당한 것으로 결정되었다.

습니다. 형제는 눈이 어른거려서 해를 두 번 보지 못하는 사람처럼 더는 그리스도를 바라볼 수 없었습니다. 그는 그 앞에 엎드려 두려워하면서 기쁨으로 그분의 티 없이 깨끗한 오른손에 입을 맞추었습니다. 그다음에 성모 마리아[15]에게 가서 깨끗한 손에 입을 맞추면서 그분의 거룩한 얼굴을 보았습니다. 번갯불이 햇빛을 닮았듯이, 성모의 빛과 영광은 그리스도의 빛과 영광과 흡사했습니다. 다시 말해서 성모의 영광이 그리스도의 영광보다 덜했으므로 형제는 성모의 깨끗하고 귀한 얼굴을 다시 바라볼 수 있었습니다. 이는 사람이 번갯불을 두 번 보아도 눈이 어른거리지 않는 것과 같습니다.

주 예수 그리스도는 아기의 모습으로 마치 그룹 천사의 보좌에

---

[15] 성모(聖母)라는 말의 뜻은 "하나님의 어머니"이다. 기독교가 성립된 후 하나님, 하나님의 아들 예수, 성령에 대한 정의가 필요했다. 즉 신학적인 체계를 수립하는 과정에서 예수가 누구이며, 그의 모친 마리아는 누구인가를 정의하는 과정이 있었다. 그중에 마리아를 정의하는 과정에서 "그리스도를 낳은 여인"(*Christotokos*)인가, "하나님을 낳은 여인"(*Theotokos*)인가를 놓고 치열한 논쟁이 있었지만, 결국 "하나님을 낳은 여인", 즉 성모(聖母, Mother of God)라고 결정되었다(제3차 이베소 공의회, 431년). 정교회와 가톨릭 전통에서 마리아를 통한 중보 신심을 견지(堅持)한다.

앉듯이 성모의 품에 안겨 쉬고 계셨고, 성모는 부드럽고 긍휼한 시선으로 형제를 바라보셨습니다. 성모 마리아의 품에 안긴 예수님의 부드럽고 사랑스럽고 깨끗한 모습이 성모 마리아를 영광스럽게 하고 있었습니다. 깨끗하신 분이 깨끗하신 분을, 흠이 없으신 분이 흠이 없으신 분을, 왕이 여왕을, 주님이 성모를, 찬양받으시는 분이 찬양받으시는 분을, 영광스러운 분이 영광스러운 분을, 귀하신 분이 귀하신 분을, 예수님이 마리아를 서로 완벽하게 보완해주었습니다. 장미꽃의 향기가 장미꽃의 아름다움을 보완해주듯이, 두 분은 서로를 보완해주었습니다.

예수님은 기뻐하시면서 형제를 바라보셨습니다. 손에 장미를 들고 있는 사람이 장미꽃의 아름다움을 음미하고 냄새를 맡듯이, 그 형제도 그러했습니다. 그리스도와 성모 마리아가 형제를 바라보고 형제가 그분을 바라볼 때 형제는 그들의 은혜에 참여하며 격려를 받지 않을 수 없었습니다. 형제는 성모 마리아의 시선에서 격려를 받으면서 "성모 마리아여, 나의 주 예수님의 모친이시여, 어찌해야 나를 쫓아오는 귀신들을 피할 수 있습니까?"라고 물었습니다. 자기에게 오는 모든 사람을 구해주시는 성모 마리아는 "내 아들의 이름으로 귀신들을 정복하고 멸망시키거라"라고 말씀하셨습니다. 형제는 성모를 존숭하려고 엎드리면서 마치 자신이 교회 밖으로 끌려나가는 듯한 느낌을 받았습니다. 그가 마음에서

부터 "주 예수 그리스도 하나님의 아들이시여, 나를 불쌍히 여기소서"라고 기도하자 즉시 약한 귀신들이 그에게서 떠나갔습니다.

역시 마음으로 지성의 기도를 실천하던 어느 형제는 다음과 같은 환상을 보았습니다: 그는 자신이 귀신들이 있는 지하세계에 내려가 있는 것을 발견했습니다. 그는 그곳에서 큰 성을 보았습니다. 그 안에는 짙은 어둠이 드리워져 있었는데, 주님은 그것에 대해서 "바깥 어두운 데"(마 8:12)라고 말씀하셨습니다. 그곳은 지옥 가장 깊은 곳이기 때문에 빛이 전혀 없었습니다. 전능하신 주님은 귀신들을 정죄하여 그곳에서 살게 하셨습니다. "그들은 땅 깊은 곳에 들어가며"(시 63:9). 흉측하고 검은 귀신들이 튼튼한 성문을 지키고 있었습니다.

성안에는 날개 달린 귀신이 많이 있었습니다. 어떤 귀신은 새처럼 성 밖으로 날아갔고, 어떤 귀신은 벌처럼 벌집 안에 들어갔습니다. 그 형제는 이마가 무릎에 닿도록 구부린 자세로 길가에 서 있었습니다. 그의 몸은 다리처럼 되었고 가슴은 구멍처럼 움푹하게 패였습니다.

형제는 이 자세로 마음 깊은 곳에서 아파하면서 강력하게 "주 예수 그리스도 하나님의 아들이시여, 나를 불쌍히 여기소서"라고 기도하기 시작했습니다. 마음의 기도를 반복할 때마다 그의 입에서 활활 타는 불같은 것이 나와서 귀신을 덮쳐 날개, 발, 손, 머리털을 태웠습니다. 불에 탄 귀신은 나무 그루터기처럼, 또는 불에 그슬려 움직이지 못하는 벼룩처럼 꼼짝하지 못했습니다. 형제는 다시 기도하면서 기도의 불길이 닿는 곳에 있는 또 다른 귀신을 불태웠습니다. 이는 귀신들이 마치 바람처럼 빨리 들락날락했기 때문입니다.

형제가 이렇게 오랫동안 기도하면서 불태운 귀신들이 지옥문 앞에 산더미처럼 쌓였습니다. 지옥에 있는 귀신들을 지성의 기도의 불같은 칼이 귀신들을 죽이는 소리를 들었지만, 그것이 어디에서 오는 것인지 알지 못했습니다. 연기가 파리들을 혼란스럽게 하듯이, 하나님의 이름이 그것들을 혼란스럽게 했기 때문입니다. 귀신들은 대장인 사탄에게 메시지를 보냈습니다. 사탄은 이 소식을 듣고 매우 흥분했지만, 자기도 같은 일을 당할까 두려워 성 밖으로 나가지 못했습니다. 그는 칼이 어디에서 와서 공격하는지 알려고 더러운 머리를 조금 숙였는데, 그 즉시 마음의 기도의 화염이 그의 더러운 얼굴을 태웠습니다. 그는 즉시 성안에 들어가 문을 닫았습니다.

환상에서 깨어난 형제는 자신이 본 것에 대해 곰곰이 생각했습니다. 그는 귀신들이 죽은 것을 기뻐했습니다. 그리고 혼을 다해 주 예수 그리스도를 사랑하며 마음 깊은 곳에서 주께 부르짖는 사람들에게 은혜와 능력을 주시는 주 예수 그리스도께 영광을 돌렸습니다. 주님께 세세토록 영광과 능력이 있습니다. 아멘.

# 담론 2

## 지성의 기도 열매

정념에서 벗어나며 마음에서 그것의 뿌리를 제거하려면 내면에 지성의 기도(noetic prayer)를 획득해야 합니다.[1] 정념이 생겨나는 곳에 지성의 기도가 자리 잡지 못하면, 정념을 근절할 수 없습니다.

우리에게서 정념이 근절되지 않으면, 귀신들이 우리에게서 떠

---

1) 여기서 "지성의 기도(noetic prayer)"란 "순수한 지성으로 바치는 기도"를 말한다. 단순한 기도, 순일(純一)한 기도, 깨끗한 마음(마 5:8 참조)의 기도이다. 마음의 대상이 하나님 한 분에게만 있는 상태로서 바치는 기도이다. 이 기도는 "성한 눈"(single eye; 마 6:22)으로 하나님을 보게 된다. 정념은 마음이 성하게 하지 못하게 하는 장애이다. 그러므로 정념이 있는 곳은 깨끗한 마음이 성립될 수 없다.

나지 않을 것입니다.[2] 악취가 나는 상처에 파리가 모여들듯이, 귀신들은 정념이 있는 곳에 모여드는 습관이 있습니다. 시체나 죽은 동물이 썩는 냄새가 나는 곳에 까마귀와 죽은 동물을 먹는 동물이 모여들듯이, 귀신들은 육욕적이고 정념이 많은 사람이 있는 곳에 둥지를 틀고 음란한 욕망으로 육욕적인 몸을 집어삼킵니다. 이런 까닭에 다윗은 "악인들이 내 살을 먹으려고 내게로 왔으나"(시 27:2)라고 말했습니다. 정념에서 벗어나려면 마음에 지성의 기도를 획득해야 합니다.

마음에 지성의 기도를 획득하려면, 겸손하고 금식하고 부복하는 등 육체적이고 외적인 금욕을 하면서 여러 번 하나님께 그것을

---

[2] 여기서 말하는 "귀신"(demons)은 오늘날의 귀신론이 아니라 정념과 그것의 작용을 말하는 것이다. "사람들이 잘 때에 그 원수가 와서 곡식 가운데 가라지를 덧뿌리고 갔더니"(마 13:25)에서 원수를 귀신으로 지칭하며, "가라지"는 "악한 생각들", 또는 정념으로 해석한다. 본디 정념이란 선(善)과 불선(不善)으로 구별하기 이전의 중립 상태이다. 본문에서는 원죄로 말미암아 악한 정념에 영향을 받은 결과, 악에 쉽게 기울어지고, 악한 습관으로 형성된 상태를 말한다. 이러한 상태를 되돌리려면 쉬지 않고 지성으로 바치는 마음의 기도를 실천해야 한다는 뜻이다.

간구해야 합니다.[3] 그리하면 하나님께서 우리를 불쌍히 여기시고 지성의 기도를 실천하는 확실한 지도자, 지성의 기도에 대해 정확하게 가르쳐줄 사람을 보여주실 것입니다.[4] 만일 그러한 지도자를 찾을 수 없다면, 하나님께 또 다른 섭리의 행위를 간구하십시오. 다시 말해서 하나님께 직접 가르쳐달라고 기도하십시오. 만일 지성의 기도를 실천하면서 가르치는 사람을 찾았지만, 그의 가르침을 잘 이해할 수 없다면, 그가 다른 방법으로 가르쳐 주도록 하나님께 간구하십시오.

어떤 사람이 지성의 기도에 대해 하는 말을 어느 형제가 듣고 마음에 감동을 받아 그 기도를 획득하기를 원했습니다. 그러나, 지성의 기도를 습득하기 어려운 것이라서, 그 형제는 하나님께 미혹

---

3) 지성의 기도는 정신적인 "하나님의 일"이지만, 그것이 거룩한 습관으로 형성되려면 육신도 함께 참여해야 한다. 영혼과 육신은 상조(相助)한다. 머리로 아는 것을 계명을 실천함으로써 몸도 역할을 감당해야 한다. 실제로 삶이 어지러운데 정신만 순수하게 유지한다는 것은 불가능하기 때문이다. 다시 말해서 영성 형정적 삶에 있어서 "계명을 실천하는 삶"이 토대가 되어야 한다.

4) 지성의 기도를 실천할 때 마귀의 시험이 극심함을 말한다. 이 기도는 마음을 점령하려는 성령과 악령 간의 치열한 싸움이기 때문이다. 그러므로 지성의 기도를 실천하는 사람에게 영적 인도자가 필요하다.

되지 않고 그 기도를 하는 방법을 가르쳐 달라고 쉬지 않고 기도했습니다. 그 기도에 관하여 하나님의 가르침을 받지 못한 채 자기의 생각을 따르는 사람은 겸손하게 신적 조명을 받아 사탄의 책략을 피하지 못한다면, 마귀의 속임수에 넘어갑니다. 그 형제는 겸손하게 이 기도에 대해 하나님께 간구했습니다. 그는 그 기도에 대한 말을 듣는 순간부터 그 기도를 얻기 위해 노력했지만, 아직 확실한 도움을 받지 못했습니다. 주님은 "나를 떠나서는 너희가 아무것도 할 수 없음이라"(요 15:5)라고 말씀하십니다.

하나님은 형제의 갈망을 보셨고, 그가 잠든 동안에 그가 아는 수도사의 모습으로 천사를 보내셨습니다. 그는 그 수도사를 지성의 기도를 완벽하게 실천하는 사람으로 알고 있었습니다. 천사는 마음으로 드리는 지성의 기도에 대해 다음과 같이 설명했습니다: 천사는 가슴을 드러내고 마음 깊은 곳에서 "주 예수 그리스도 하나님의 아들이시여, 나를 불쌍히 여기소서"라고 말하면서 마음으로 드리는 지성의 기도의 표식을 정확하게 형제에게 보여주었습니다. 다시 말해서 천사가 기도할 때 형제는 천사가 사용하는 힘을 보았습니다. 그는 천사가 강한 내적인 힘으로 피를 토하고 땀을 흘리며 마음을 괴롭히는 것, 그리고 기도에 집중하는 것을 보았습니다. 또 "마음의 즐거움은 얼굴을 빛나게 하여도"(잠 15:14)라는 말처럼 기도하면서 마음이 경험하는 기쁨 때문에 천사의 얼굴이 눈부시게 아름다운 것을 보았습니다. 그러나 "내 마음이 매우 고민하여 죽게 되었으니"(마 26:38)라는 말씀처럼 끊임없이 탄식하여 그의 얼굴이 비탄에 잠기고 슬픈 것을 보았습니다. 또 기도의 힘과 에너지 때문에 천사의 얼굴이 평온해지는 것도 보았습니다. 한 번은 천사가 극도로 강력하게 기도를 실천하여 지치고 약해져서 땅에 떨어질 뻔한 모습도 보았습니다. 또 한번은 기도하면서 느낀 강력한 끌어당김 때문에 천사의 마음이 산산이 부서져 떨어져 나가려 하는 거울처럼 보였습니다. 마지막으로 그의 몸은 마치 죽은 것처럼 보였습니다.

천사는 형제에게 "내가 보여준 방법으로 기도하면 영혼이 쉼을 발견할 것이다"라고 말했습니다. 형제는 이러한 환상을 여러 번 보았고, 가르침을 받은 대로 행했을 때 정신이 편안해졌습니다.

또 다른 형제도 지성의 기도를 하던 중에 비슷한 환상을 보았습니다. 그의 앞에 두 명의 천사가 『필로칼리아』를 펼쳐 들고 있었습니다. 천사들은 손가락으로 『필로칼리아』에서 지성의 기도에 관하여 "수도사에게는 천천히 분명하게 호흡에 맞추어 기도하는 것이 유익하다"[5]라고 기록한 부분을 가리켰습니다. 형제는 이 문

---

5) St. Grogory of Siani, *On Stillness* 3 (*The Philokalia*, vol. 4, 266). 한국

장을 읽고 나서 즉시 정신이 들었습니다.

지성의 기도 방법은 고결하고 귀중하며, 그것을 실천하려는 사람은 많은 준비를 해야 합니다. 압바 이삭은 그의 설교집에서 다음과 같이 말합니다: "지혜로운 주님은 땀을 흘려야 이 떡을 찾을 수 있게 하셨습니다. 때가 되기 전에 이 떡을 떼는 일이 없으려면 죽을 때까지 소화가 되지 않는 것이 유익합니다."[6] 즉 지극히 지혜로우신 하나님은 사랑을 품고 땀 흘리며 지성의 기도를 얻기 위해 노력하는 사람에게 지성의 기도와 지적 관상의 은사를 주려 하십니다. (어느 교부는 자신이 내면에 그 기도를 획득하기 위해서 무척 힘을 썼기 때문에 많은 피를 토했다고 말했습니다.)

지성의 기도를 획득하기 위해 노력해야 한다는 사실은 우리의 유익을 위한 하나님의 섭리에 따른 것입니다. 그러므로 그 기도를 되는 대로 분별없이 사용하지 않도록 조심해야 합니다. 만일 적절

---

어 번역 『필로칼리아』 (엄성옥 역, 은성출판사, 제4권 386쪽)를 참조하라.

[6] *Homily* 34 (*The Ascetical Homilies of Saint Isaac the Syrian*, 283). 시리아의 이삭은 "정념에 물든 정신으로 관상(theoria)에 몰두하는 것은 위험하다"라고 했다.

한 준비를 하지 않은 채 분별없이 그 기도를 한다면 영적인 죽임을 당하거나 육체적인 죽임을 당할 것입니다. 과거에, 그리고 오늘날에도 많은 사람이 그런 일을 겪습니다. 사도 바울의 말에 의하면 단단한 음식은 젖먹이를 위한 것이 아니라 장성한 사람을 위한 것이므로 소화불량에 걸리기 쉽습니다(고전 3:2).

제대로 준비하고 지성의 기도를 실천하는 사람은 마음 깊은 곳에서 집중하여 경건하게 기도할 때마다 보이지 않게 예수 그리스도와 교제합니다. 그는 그 순간에 경험하는 가책을 통해서 이것을 이해합니다.[7] 그가 마음 깊은 곳에서 믿음을 가지고 순수한 마음으로 희망을 품고 겸손하게 "주 예수 그리스도, 하나님의 아들이시여 나를 불쌍히 여기소서"라고 반복할 때 예수의 이름을 묵상

---

[7] 가책(κατάνψξις; compunction)이란 종종 "깊은 회개"라고 번역하기도 한다. 양심에 찔림을 받는 상태, 자신의 죄악 됨과 하나님이 주시는 용서를 의식함, 거짓 없는 회개에서 솟아나는 후회와 아픔과 기쁨이 혼합된 감정을 표현하고 있다. 우리가 세상의 말을 하거나 그러한 말을 마음에 품고서 그것에 주의를 기울일 때, 몸과 지성이 표면적인 일에 시간을 허비할 때, 또는 헛된 일에 몰두할 때 지성은 어두워지고 무익해진다. 그때 우리는 열심, 양심의 가책, 하나님과의 친밀함, 하나님에 대한 지식을 상실하게 된다. 지성에 주의를 집중하면 빛의 조명을 받지만, 주의를 기울이지 않으면 어둠에 처한다.

하하므로 마치 달콤한 샘에서처럼 그의 마음에서 가책이 솟아오릅니다.

그리스도의 이름으로 가책을 느끼고, 그리스도의 거룩한 샘이 영혼에 물을 대면 기도하는 사람은 더 열심히 기도하며 마음으로 그리스도의 이름을 묵상하려는 사랑을 더욱더 품게 됩니다. 이러한 기도 상태에 이르면, 몸의 정념이 잠잠해질 뿐만 아니라 마음의 음란한 생각도 잠잠해집니다. 그때 그는 마치 육체가 없는 사람인 듯이, 흠 없는 신비에 참여할 자격을 갖춘 사람이 성찬을 받는 날에 평화를 누리듯이 평화를 누립니다. 그는 세상이나 세상에 속한 것에 대해 들으려 하지 않고 오직 그리스도만 생각하고 그분에 대해서만 묵상합니다. 이는 그가 그의 영혼이 맛본 흠 없는 어린양의 사랑에 사로잡혔기 때문입니다.

노련한 영적 지도자의 지도를 받아 준비하지 않은 채 무모하게 지성의 기도 방법을 채택하는 사람은 마치 죄를 고백하지 않고 합당하지 못한 생태에서 성찬을 받는 사람과 같습니다. 우리 주 예수 그리스도는 이렇게 주제넘고 오만하고 준비하지 않는 태도를 불쾌하게 여기시고 노하시며, 그런 사람은 주님의 성찬을 소화하지 못하여 탈이 납니다. 성찬이 (합당하지 못하게 받는 사람을 정죄하고 어둡게 하고 죽이지만) 합당하게 받는 사람을 성화하고 밝혀주고 생기를 되찾게 하듯이, 금식하고 절제하고 겸손하게 지성의 기도를 실천할 때 그 기도는 영적인 평화와 육적인 평화를 주며, 주님의 일을 할 수 있는 힘을 줍니다. 반면에 탐식하고 교만한 사람의 지성을 혼란하게 하고 영혼을 어둡게 하고 마음의 눈을 멀게 하며, 그의 지성을 무분별하게 합니다. 이렇게 그의 지성이 어리석고 오만하며 마음의 눈이 멀고 영혼이 어두워지므로 악을 선으로 여기며 쓴 것을 달게 여깁니다. 그리하여 그의 오만함으로 인하여 내면에 자리 잡은 사탄이 자신의 것을 가르치고 마음을 미혹하여 자신만이 진리와 참되고 유익한 길을 발견했다고 생각하게 하므로 다른 사람들 모두가 미혹되었다고 여겨 그들의 말을 듣지 않고 충고를 받아들이지 않습니다. 이것은 그의 교만한 사람으로 인해 일어나는 일입니다. 오만하고 무지하므로 기도에서 익은 열매와 포도를 수확하는 것이 아니라 속이 빈 열매와 신포도를 수확합니다. 그러나 거룩한 교부들과 경건하고 영적인 교부들의 지도 아래 순종하고 금욕하고 겸손하고 금식하면서 지성의 기도를 실천하는 사람은 그 기도에서 유익한 열매, 복되고 선하고 달고 영적인 익은 열매를 맺습니다.

  이것이 지성의 기도의 열매입니다. 이것은 다음과 같은 예를 통해서 분명히 알 수 있습니다.

## 이것에 관한 증명

인간은 몸과 혼으로 구성되어 있습니다. "여호와 하나님이 땅의 흙으로 사람을 지으시고"(창 2:7)라고 기록된 것처럼, 몸은 유형(physical)의 육적(肉的)인 것입니다. 반면에 "생기를 그 코에 불어 넣으시니 사람이 생령이 되니라"(창 2:7)라는 말씀처럼 혼은 무형(immaterial)의 영적(靈的)인 것입니다. 이런 까닭에 흙에서 나온 몸은 흙에 속한 것을 사랑하고, 하늘 아버지에게서 나온 혼은 하늘에 속한 무형의 것을 사랑합니다. 그러나 혼은 유형의 육적인 몸 안에 있어서 육욕적인 욕망에 방해를 받으며, 그 본성적인 욕망과 권위에 따라 하늘에 속한 것에 몰두하지 못합니다. 특히 인간이 하나님 앞에서 사악한 일을 하여 하나님과 하늘에 속한 것을 향한 사랑과 장래의 거룩한 즐거움에 대한 소망이 사라질 때, 이런 일이 영혼에 일어납니다.

하나님을 향한 사랑이 떠나갈 때 하늘에 속한 것을 향한 사랑과 낙원에 대한 소망도 함께 떠나가고, 세상의 정욕과 육적인 쾌락과 악한 속임이 점령합니다. 다시 말해서 양심이 둔해지고 마음의 눈이 멀어져서 영적 무관심[8]에 빠지고 방탕한 삶이 시작합니다.

---

8) 여기서 "영적 무관심"(spiritual indifference)은 아케디아(acedia), 하나

이렇게 영적으로 하늘에 속한 것에서 멀리 떨어진 상태에 있는 사람이 자신을 정복한 악한 것과 결별하려면; 그의 영혼이 자신의 모상인 하늘의 것을 기억하려면; 정신이 육적인 것에서 영적인 것으로, 유형적인 것에서 무형의 것으로, 보이는 것에서 보이지 않은 것으로, 썩어질 것에서 썩지 않을 것으로, 세상에 속한 것에서 하늘에 속한 것으로 올라가려면, "주 예수 그리스도 하나님의 아들이시여, 나를 불쌍히 여기소서"라고 기도함으로써 마음으로 통회해야 합니다.[9] 밀가루를 물로 반죽한 다음 불(불의 에너지; 은혜)에 구우면 빵이 되듯이, 우리의 마음이 주님의 이름과 섞여 연합해야 합니다. 마음 깊은 곳에서 "주 예수 그리스도 하나님의 아들이시여, 나를 불쌍히 여기소서"라고 기도할 때 그 마음에 천상

---

님의 일(聖務, Opus Dei)에 나태함을 의미한다. 우리는 세상과 세상일에 무관심해야 한다.

9) 관상을 설명하는 문장이다. 관상이란 표상을 관철(觀徹)하여 존재의 근저, 즉 하나님의 성성(聖性)을 보는 것이다. 그러기 위해서 영적인 눈을 가리는 악한 생각들(또는 정념)을 제거해야 하는데, 이는 오직 예수 그리스도의 이름으로만 가능하다. 그래서 짧은 문장의 예수기도를 쉬지 않고 바쳐야 한다고 교훈하고 있다.

의 개념[10]과 영적인 관심이 가득하게 됩니다. 마음에 (성령이 임하심으로써) 그러한 개념이 가득할 때 마음에서 신적 에너지가 나와 그의 모든 지체와 감각 속으로 들어갑니다. 그때 그는 기도의 은혜와 연합되므로, 육체의 눈으로 유형의 사물을 볼 때 정신은 유형의 시각을 넘어 영적인 무형의 시각으로 올라가며, 유형적으로 본 사물의 아름다움에 마음이 압도되지 않고 즐거움을 느끼지 않습니다. 예를 들어 지성의 기도를 하는 사람이 잘생긴 사람이나 하나님이 지으신 아름다운 피조물을 볼 때 그의 영혼은 그것을 통해 하나님의 거룩하고 영원한 창조의 아름다움을 상상하고 관상합니다.[11]

그런 사람은 자신에게, 또는 그의 영혼이 그 사람에게 이렇게 말합니다: "만일 오늘 있다가 내일 없어지는 아름답고 기이한 것들, 그리고 바라볼 때 즐겁고 기쁜 것들을 하나님이 지으셨다면,

---

10) 천상의 개념(heavenly conceptions)이란 정념에 영향을 받지 않은 순수한 개념을 말한다. 이에 반하는 것은 정념에 영향을 받아서 전도(顚倒)된 사악(邪惡)하게 형성된 개념이다.

11) Cf. *Nicodemus of the Holy Mountain: A Handbook of Spiritual Counsel*, 173-227.

눈으로 보지 못하고 귀로 듣지 못하고 사람의 마음으로 생각하지도 못한 것(고전 2:9), 낙원의 거룩하고 영원한 것들, 하나님이 창세로부터 자기 종들을 위하여 예비하신 것들(마 25:34)은 얼마나 더 아름답겠느냐?"

그는 거기서 더 올라가 한층 더 고귀한 영적인 것을 보게 되며, 그의 정신은 궁극적이고 복되신 갈망이신 하나님을 생각하며, 그의 영혼은 "하나님이 지으신 것들이 이렇게 말로 표현할 수 없이 귀하고 기이하다면, 그것들을 지으시고 조성하신 하나님은 얼마나 더 밝고 놀라운 분이실까?"라고 말합니다. 마찬가지로 지성의 기도를 실천하는 사람이 하늘의 달과 별, 번개와 빛나는 해를 볼 때 그의 정신은 즉시 낙원의 아름다움과 만물을 지으시고 조성하신 하나님의 형언할 수 없는 밝음에 도취됩니다. 그때 영혼은 "비천하고 작은 인간아, 이러한 현상이 아름다움과 밝음을 지녔다면, 해를 지으신 분, 하늘을 만드신 분, 별들을 지으신 분이신 하나님은 얼마나 더 밝게 빛나겠느냐"라고 자신에게 말합니다. 이러한 신적인 밝음에 관하여 어느 교부는 다음과 같이 말했습니다.

### 거룩한 환상

어느 수도사가 성도들의 영광과 밝음을 보여달라고 하나님께 기도했습니다. 그는 원하는 것을 다음과 같은 방식으로 보았습니

다: 천사가 그에게 와서 "구하는 자는 받을 것이요 찾는 자는 찾을 것이며, 두드리는 자에게 열릴 것이다"라고 말했습니다. 그때 영혼의 오른쪽 눈이 열려 모든 성도들이 천국에서 누리는 신적 영광과 말로 표현할 수 없는 기쁨을 보았습니다. 수도사는 모든 성도들이 큰 영광과 복 안에 있고, 각각의 성도가 해처럼 밝게 빛나며, 그들 모두가 부드러운 음성으로 할렐루야를 찬송하는 것을 보았다고 말했습니다.

하나의 밝은 천체인 해가 온 세상을 비추고 밝게 해주는데, 해처럼 밝게 빛나는 무수히 많은 성도가 있는 천국이 얼마나 밝고 빛나고 영광스러울지 생각해 보십시오. 그 수도사는 모든 성도들이 하나님의 밝음에서 밝음을 받는다고 말했습니다. 왜냐하면 하나님의 밝은 빛의 광선 하나가 해만큼 밝기 때문입니다. 신격의 빛이 어떤 것일지, 우리 주 하나님이시요 불가해한 창조주요 조성자이신 하나님의 영광이 어떤 것일지 생각해 보십시오.

지성의 기도를 실천하는 사람이 장미꽃 등의 향기를 맡을 때, 또는 들의 꽃을 관찰할 때 그의 지성은 낙원의 향기로운 꽃들이 풍기는 형언할 수 없는 냄새에 접합니다. 그것을 생각하고 묵상할 때 그의 얼굴과 수염은 눈물로 얼룩집니다. 그가 마음 깊이 탄식할수록 세상의 것에서 멀어지고 더 높이 올라갑니다. 그는 낙원의 선한 것을 즐기기를 갈망하므로, 그리고 그것을 박탈당한 사람이 경험할 고통을 기억하므로 탄식합니다. 왜냐하면 사람은 하늘에서 하나님과 함께 거하거나 지하에서 마귀와 함께 거할 것이기 때문입니다.

그 수도사는 자신이 성도들의 영광을 본 후에 지옥에 있는 사람들이 받는 끔찍한 벌을 보았다고 말했습니다. 그는 하늘의 거룩한 환상이 멈춘 후 영혼의 오른편 눈을 감고 왼편 눈을 떠서 큰 바다 같은 지옥을 보았는데, 그것은 하늘과 땅 사이만큼 깊었습니다. 지옥의 바다는 매우 검고 자욱했고, 저주받은 사람들이 그 바다에 빠져 있는데, 마치 콩이 솥에서 끓고 있는 것 같았습니다. 지옥은 끓는 물 같았는데, 때로는 저주받은 사람들 중 하나를 표면으로 들어 올리고, 어떤 때는 깊이 삼켰습니다. 때로는 손이 보이기도 하고 머리가 보이기도 하고 다리가 보이기도 했습니다. 그들 중 하나가 슬픈 소리로 "아, 슬프도다! 아, 슬프도다!"라고 소리쳤습니다. 또 다른 사람은 자신이 저주받게 된 원인이 되는 사람을 저주했습니다.

그들은 서로 미워하고 증오했습니다. 혹시 서로 붙잡을 수 있다면 싸우는 개들처럼 이빨로 상대방을 물어뜯었을 것입니다. 간음한 사람은 자신이 간음하여 저주받게 된 원인인 여자에게 불같이 화를 냈고, 그 여자는 자신의 저주의 원인인 그 남자에게 화를 내고 저주했습니다. 부모들은 세상에 사는 동안 자녀들을 편안하고 부유하게 하려다가 저주를 받았기 때문에 자녀들을 미워했습니다. 자녀들은 부모가 여호와에 대한 경외심을 가르쳐주지 않고 자기들이 원하는 대로 행하도록 방임했기 때문에 부모에게 화를 냈습니다. 간단히 말해서 지옥에는 비정상적인 것과 무질서와 참을 수 없는 악취가 가득했습니다.

  선한 싸움을 하는 수도사는 이런 것을 생각하면서 깊이 탄식합니다. 그는 탄식할수록 하늘나라로 더 높이 들려 올라갑니다. 이런 까닭에 그는 마귀가 놓은 덫을 피할 뿐만 아니라 하늘에 속한 영적인 일에 더 열심을 냅니다. 그런 사람은 내면에 악한 정념이 자리 잡지 못하기 때문에 무정념합니다. 상하고 통회하는 마음으로 지성의 기도를 실천하지 않는 사람은 그렇지 못합니다. 이 세상에서 아름다운 사람이나 화려하고 아름다운 것을 볼 때 그의 마음은 쾌락을 느끼고, 그의 정신은 마치 낚싯 바늘에 걸린 물고기처럼 그것의 노예가 됩니다. 그는 정육점으로 달려들어가는 개처럼 성급하게 그것을 즐기려 합니다. 그는 돼지가 먹는 쥐엄 열매로 배를 채우려 합니다(눅 15:16). 우리가 주 예수 그리스도의 은혜와 사랑으로 그런 것들에서 구원받기를 기원합니다. 주 예수 그리스도께 세세토록 영광과 능력을 돌립니다. 아멘.

# 담론 3

### 완전한 지성의 기도를 얻는 방법

참되게 지성의 기도를 실천하는 분이여, 만일 지성의 기도의 참되고 높은 경지에 이르기를 원한다면, 이제 내가 말하는 것에 귀를 기울이십시오. 당신은 여러 번 밤에 혼자서 사람이 접근하기 어려운 곳, 귀신들의 거처라고 알고 있는 두렵고 어두운 곳에 가곤 했습니다. 그런 곳에 가려면 먼저 적절한 준비를 해야 합니다.[1]

---

1) Cf. St. John Climacus, *Ladder*, step 21( The Ladder of Divine Ascent 131). 한글 번역서 『거룩한 등정의 사다리』(최대형 번역, 은성출판사, 스물한 번째 계단, 207~208쪽 참조). 이 책에서는 "비겁의 귀신"(the demons of cowardice)라고 했지만, 거룩한 등정의 사다리에서는 "두려움"이라고 했다. 비겁한 자는 두려움에 떨기 때문에 동의어로 볼 수 있

은밀하게 숨어 있는 죄가 당신을 괴롭히지 못하게 하려면, 양심이 편안하고 고요해야 합니다. 죄를 고백해야 하고, 주님의 성찬에 참여해야 합니다. 간단히 말해서 모든 면에서 준비해야 하며, 성령의 무기로 무장해야 합니다. 밤에 혼자 길을 가기 시작할 때면 햇빛을 보지 못할 큰 전쟁에 참여하고 있으며, 그 밤에 사납고 무자비한 비겁의 귀신과 싸우다가 죽을 각오를 해야 합니다. 그 영적 전쟁에서 주님의 이름의 능력으로 귀신들을 정복하고 몰아내어 승리하고 돌아오든지, 아니면 죽을 것입니다.[2]

위에서 말한 것처럼 만반의 준비한 후, 그것을 마음에 품고 영적 전쟁터로 나아가십시오. 귀신들은 당신이 주님의 이름으로 자기들을 대적하여 싸운다는 것을 알 것이며, 그러므로 보이지 않게 사악하게 당신을 공격할 것입니다. 귀신들은 먼저 당신을 쫓아내려고 겁을 주는데, 이때 식은땀이 나면서 두려움에 떨게 될 것입니다. 그러나 이러한 공격을 무시하면, 그들은 난폭함과 겁을

---

을 것이다.

2) Cf. St Isaac the Syrian, *Homily* 73 (T*he Ascetical Homilies of Saint Isaac the Syrian*, 508).

주는 방법을 포기하고 아첨하면서,[3] 당신을 설득하여 돌이키려고 할 것입니다. 그것들은 교활한 제안과 충고를 제시하면서 이렇게 말할 것입니다: "하나님의 사람아, 너는 순진해서 너에게 유익한 것이 무엇인지 알지 못하고 있다. 그래서 너는 밤중에 죽음을 두려워하지 않으며 준비성이 없는 것 때문에 오늘 밤 죽으면 정죄받을 것에 관심을 두지 않은 채 그곳에 가려 한다. 너는 우리가 누구인지 알지 못한 채 우리와 싸우려 할 것이다. 인간아, 우리의 말에 귀를 기울이고, 우리가 화를 내며 네가 우리의 힘을 느끼기 전에 속히 돌아서거라. 너의 수실에서 침묵을 실천하며, 덕을 행하면서 하나님을 기쁘시게 하려고 노력하여라. 만일 네가 지금 여기에서 우리와 싸우다가 죽으면 짐승들이 너의 시신을 먹어 치울 것

---

[3] Cf. St Symeon the New Theologian, *Practical and Theological Texts* 13( *The Philokalia*, vol. 4, 27).
  마귀는 두 가지의 전략을 구사한다: (1) 먼저 삶의 위협을 주거나, 사랑하는 사람을 괴롭힌다거나, 육신에 고통을 주어서 두려움에 떨게 하여 주저앉힌다; (2) 이 방법이 통하지 않을 때. 마귀는 그 사람에게 항복하는 체하면서, 자신을 이긴 사람을 칭찬하기 시작한다. 그래서 그가 긴장을 풀게 하고, 마귀를 이겼다는 승리감을 안겨주고, 점차 허영에 빠지게 한다. 허영에 빠진 그 사람은 결국 교만하여 모든 것이 일순간에 망하게 한다.

이며, 너를 위한 장례식도 열리지 않을 것이며, 장례 찬송도 부르지 않을 것이다."

  귀신들은 당신의 진보를 도우며 안전하게 행동하도록 격려하는 체하면서 당신 안에 비겁함과 두려움을 주입한 후에 이런 것들을 당신에게 제안할 것입니다. 그러나 주님의 사랑을 받는 종인 당신은 그것들의 충고나 염려에 귀를 기울이지 않습니다. 왜냐하면 성경에 "죄악을 행하는 자들과 함께 악을 행하지 말게 하시며 그들의 진수성찬을 먹지 말게 하소서"(시 141:4)라고 기록되었기 때문입니다. 이런 까닭에 끊임없이 "주 예수 그리스도, 하나님의 아들이시여, 나를 불쌍히 여기소서"라고 기도하고, 귀머거리요 벙어리인 듯이 입을 닫고 귀신들을 대적하면서 당신의 길을 걸어가십시오. 만일 당신이 그것들의 첫 공격에 주의를 기울이고서 돌이켜 돌아가려 한다면, 큰 위험에 빠질 것입니다. 당신이 돌아가려는 순간 마음에 귀신들이 마음에 나타나 칼을 빼 들고 공격하는 도둑 떼처럼 추적해올 것입니다. 그것들은 당신을 산 채로 잡아 먹으려 하는 사나운 짐승처럼 으르렁거릴 것입니다.[4] 그러므로 육

---

4) Cf. Evagrius, *On prayer* 91, 92 (*The Philokalia*, vol. 1, 66). 한글 역서 『필로칼리아』(엄성옥 역, 은성출판사, 제1권, 85, 86쪽 참조): 독수도

적으로, 영적으로 위험에 처할 것입니다. 육체적으로 두려움 때문에 급하게 도망치기 때문에, 또는 귀신들이 쫓아오기 때문에, 또는 밤의 어둠 때문에, 또는 어지럽고 분심된 마음 때문에 발을 헛디뎌 넘어져 무엇인가를 부러뜨리다가 위험에 빠질 것입니다. 영적으로 귀신들에게서 도망칠 때 귀신들이 당신을 제압할 힘을 얻기 때문에 위험에 빠질 것입니다. 당신이 그것들을 대적할 수 없으므로 그들이 더 강해질 것이며, 당신은 정신이 이상해져서 자신의 그림자조차 두려워할 것입니다. 그리스도의 군사여, 당신은 눈에 보이지 않는 영적 싸움을 시작하였으므로 할 수 있는 한 깨어 자신을 지키십시오. 그리하면 교활한 귀신들이 악한 수단으로 당신의 발을 걸어 넘어지게 하지 못할 것입니다.

귀신들을 대적하면서 나아가다가 그러한 공격을 만나면, 이 보

---

사 에바그리오스의 "기도": 91. 기도를 성장시키려 한다면 마귀들의 공격에 대비하며 단호하게 공격을 참고 견디십시오. 마귀들은 들짐승처럼 다가와 온몸을 학대할 것입니다. 92. 노련한 투사처럼 준비하십시오. 그러면 갑자기 유령을 보아도 동요하지 않을 것입니다. 당신에게 칼을 내밀거나 횃불을 들이밀어도 놀라지 마십시오. 역겹고 잔인한 모습을 보아도 무서워하지 말고 담대하게 믿음을 다짐하면서 견고히 서십시오. 그러면 훨씬 단호하게 원수를 대면할 수 있을 것입니다.

이지 않는 전쟁에서 하나님이 보이지 않게 함께 하시면서 이 싸움을 지켜보실 것을 믿고 하나님을 기억하면서 마음을 다지십시오. 하나님을 기억하면 위로가 가득해질 것이며, 마음이 기쁠 것입니다. 그때 겁에 질린 몸을 잠잠하게 하고, 조금 몸을 숙이고 마음 깊은 곳에서 5~10번 기도하십시오. 그다음에 일어서서 귀신의 불화살이 무자비한 파도처럼 밀려온다고 생각되는 곳으로 계속 전진하십시오.

귀신들을 공격하며 나아가면서 자주 십자성호를 그으십시오. 도움을 구하려고 우는 아기처럼 두려워서 입을 벌리고 소리치지 않도록 조심하십시오. 입을 다물고 호흡에 맞추어 집중하여 말없이 "주 예수 그리스도, 하나님의 아들이시여, 나를 불쌍히 여기소서"라고 기도하면서 두려움 없이 담대하게 원수들을 대적하십시오. 당신이 이런 식으로 다가오는 것을 보면, 귀신들은 온갖 종류의 공격과 다양한 생각으로 당신의 정신을 괴롭힐 것입니다. 그것들이 심하게 공격하기 때문에 당신의 내면에서 진행되는 싸움이 육체의 싸움처럼 느껴질 것입니다. 두려움의 귀신들은 사나운 황소나 암소처럼 다가와 사방에서 뿔로 공격하고 발굽으로 당신을 짓밟을 것입니다.

사랑하는 자여, 그 순간에 하나님에 대한 경외심으로 마음을 굳게 하고서 자신에게 이렇게 말하십시오: "귀신들이 나를 죽이든지 강력한 기도 때문에 내가 죽든지, 내 생명은 끝날 것이다. 만일 귀신들이 나를 정복하고 죽인다면, 하나님께서 내 영혼을 돌보실 것이다. 그러나 만일 내가 강력한 기도 때문에 죽는다면, 하나님께서 그 죽음을 순교로 여기실 것이며, 내 영혼을 그 얼굴빛으로 다스리시는 곳에서 쉬게 하실 것이다."

이렇게 마음을 다진 후에 마음 깊은 곳에서 "주 예수 그리스도 하나님의 아들이시여, 나를 불쌍히 여기소서"라고 기도하기 시작하십시오. 이렇게 마음 깊은 곳에서 기도하면, 마음의 기도가 점점 더 깊어질 것입니다. 귀신들의 위협이 가까이 있음을 발견하면, 더 간절하게 기도해야 합니다. 이런 식으로 마음을 강압하면서 마음의 기도의 깊은 곳에 다가갈 것이며, 그곳에서 가장 완전한 지성의 기도 방법을 발견할 것입니다. 어느 교부는 어디에서 지성의 기도 방법을 배웠느냐는 질문을 받고서 귀신들에게서 배웠다고 대답했습니다. 같은 주제에 대해 질문을 받은 또 다른 교부는 미소년에게서 배웠다고 대답했습니다. 이것은 이상한 말처럼 들리지만 그렇지 않습니다. 첫 번째 교부는 다가오는 귀신을 몰아내기 위해 기도로 마음을 강요함으로써 기도가 진보했기 때문에 완전한 지성의 기도 방법을 발견했습니다. 이 기도를 발견하게 된 원인은 귀신이었으므로, 귀신에게 기도 방법을 배웠다는 그의 말은 옳습니다. 두 번째 교부는 미소년을 보면서 자신의 마음이 악한 생각과 그에 대한 동의 때문에 더러워질까 두려워서 기도에 매진하여 마음으로 드리는 완전한 기도 방법을 발견했습니다. 이런 까닭에 두 교부의 대답 모두 옳습니다. 이제 담론의 주제로 돌아가겠습니다.

사랑하는 자여, 마음으로 드리는 지성의 기도의 완전한 방법을 발견한 후에 그 기도가 마음에서 메아리칠 때까지 반복하십시오. 당신을 공격하는 비겁의 귀신들을 몰아낼 때까지 이런 식으로 계속하십시오.

그리하면 기도의 힘을 분명히 볼 것입니다. 즉 다양한 환상과 가상의 형태를 동반하는 귀신들의 위협이 사라질 뿐만 아니라 주 예수 그리스도의 빛과 광채가 영혼을 비추어줄 것입니다. 그때 당신에게 기쁨과 위로가 가득할 것이며, 당신은 사랑하는 친구와 신뢰하는 경비병과 보호자들에게 둘러싸인 것처럼 두려움이 없을 것입니다.

당신이 원수들과 겨루어 승리했기 때문에 거룩한 천사들이 당신을 위로하고 보호하고 왕관을 씌우러 당신에게 올 것입니다. 당신은 말할 수 없이 기뻐하면서 다윗처럼 "여호와는 나의 빛이요 나의 구원이시니 내가 누구를 두려워하리요 여호와는 내 생명의 능력이시니 내가 누구를 무서워하리요 악인들이 내 살을 먹으려고 내게로 왔으나 나의 대적들, 나의 원수들인 그들은 실족하여 넘어졌도다 군대가 나를 대적하여 진 칠지라도 내 마음이 두렵지 아니하며 전쟁이 일어나 나를 치려 할지라도 나는 여전히 태연하리로다"(시 27:1-3)라고 찬송할 것입니다. 다시 말해서 당신의 몸을 에워싸고 삼키려 하는 자들, 즉 죽이려 하는 자들, 그리고 당신을 괴롭히는 자들이 약해지고 격퇴되고, 낮의 빛이 밤의 어둠을 몰아내듯이 지성의 기도의 빛 때문에 목표를 이루지 못했습니다.

당신은 주님의 강력한 이름으로 원수들을 정복하는 순간에 전에 두려워하고 무서워하던 곳을 사랑하기 시작할 것입니다. 그 후로 그 장소를 보거나 그곳에 대해 생각할 때마다 당신의 마음이 기뻐 춤추며 당신의 영혼은 하나님께 기도하기 위해 자주 그곳에 가기를 바랄 것입니다. 어느 교부는 이 주제에 대해 다음과 같이 말했습니다:

어느 형제는 지성의 기도를 실천하는 가장 완전한 방법을 찾기 위해서 끊임없이 노력했지만 찾지 못했습니다. 그것은 그 기도를 실천하는 최고의 방법을 발견하려면 큰 갈등과 시험을 겪어야 했기 때문입니다.

이런 까닭에 그 형제는 형제들이 잠든 한밤중에 여러 번 다양한 방법을 시도했습니다. 그는 밤중에 혼자서 사람들의 발길이 닿지 않는 곳에 가곤 했습니다. 그는 그곳에서 머리를 가슴에 박고 오직 하나님과 함께[5] 마음 깊은 곳에서 순수히 지성으로 기도했습니다.

그가 밤중에 한적한 곳에서 홀로 여러 번 이렇게 노력했기 때문에 성난 귀신들은 그가 다시는 이런 식으로 기도하지 못하도록 겁을 주려 했습니다. 이는 귀신들은 그가 행하는 것을 좋아하지 않았기 때문입니다. 귀신들이 갑자기 겁을 주었기 때문에, 그 형제는 두려움과 극도의 공포로 거의 죽을 지경이 되었습니다. 시간이 흐르면서 두려움은 더 커지고 강해졌습니다. 왜냐하면 비겁의 귀신들이 형제의 정신과 환상 속에 나타났기 때문입니다. 귀신들은 마치 완전 무장을 하고 그를 지면에서 제거할 준비를 하고 공격하는 큰 군대 같았습니다. 그 상태에서 도움을 청할 사람이 없었기 때문에 그 형제는 지성의 기도를 하면서 지성을 한층 더 강력하게 마음속으로 몰아넣었습니다.

그는 고개를 가슴에 닿도록 숙이고서 집중하여 매우 강력하고

---

[5] "오직 (한 분이신) 하나님과 함께"(alone with the Alone God; μόνος μόνῳ Θεῳ): 이 책의 주제인 noetic을 "정신에 유일하신 하나님 한 분만 생각하는 단순한 마음"의 상태를 말하는 의미 깊은 표현이다. 이 표현은 신신학자 그레고리(St. Gregory the New Theologian), 신신학자 시메온(St. Symeon the New Theologian) 등이 즐겨 사용하였다.

치열하게 "주 예수 그리스도, 하나님의 아들이시여, 나를 불쌍히 여기소서"라고 기도하기 시작했습니다. 그의 평생에 그처럼 간절하게 마음으로 기도한 적이 없었습니다. 비겁의 귀신들의 두렵고 사나운 파도가 그의 정신을 두려움으로 공격하고, 그의 몸이 두려워 떨고, 그의 지성이 믿을 수 없는 환상적인 소음으로 두려워할 때, 그는 마음으로 초자연적인 방법으로 깨어 집중하여 기도했습니다.

만일 누군가가 그의 영적 전투와 육체적 씨름을 목격했다면 무척 놀랐을 것입니다. 그 형제는 거의 죽을 지경에 이르도록 마음의 기도에 몰두했습니다. 그는 완전히 자신의 힘을 잃음으로써 높은 곳에서 오는 능력을 받았습니다. 하나님의 은혜가 그에게 임하여 귀신들도 그들이 제시한 다양한 망상을 완전히 몰아냈고, 동시에 그를 위로하고 기쁘게 해주었습니다. 첫째로 그는 마음의 기도의 힘으로 완전한 최고의 지성의 기도 방법을 발견했습니다. 둘째로 천사들이 그를 둘러싸고 있는 것 같은 큰 기쁨과 위로와 담대함을 받았습니다. 이것은 실제로 있었던 일입니다. 성경은 "여호와의 천사가 주를 경외하는 자를 둘러 진 치고 그들을 건지시는도다"(시 34:7)라고 말합니다. 하나님께 영광과 능력과 찬송과 예배가 세세토록 있을지어다. 아멘.

# 담론 4

지성으로 바치는 기도의 은사를 얻기 위하여

 

주님은 "생명으로 인도하는 문은 좁고 길이 협착하여 찾는 자가 적음이라"(마 7:14)라고 말씀하셨습니다. 이 좁고 협착한 길은 우리가 하늘나라를 위해 이 세상에서 자발적으로 살아야 하는 힘들고 경건한 수덕생활입니다. 이러한 생활이 정념을 죽이며, 정념의 죽음은 세상에 대한 생각을 몰아내고 마귀에 대한 증오심을 낳습니다. 사람이 수덕생활로 정념을 죽일 때 거룩한 빛이 마음을 비추어서 세상에 대한 생각을 몰아내며, 그는 마귀를 미워하고 대적하여 싸우게 됩니다. 세상 생각을 몰아내는 것, 그리고 마귀에 대한 증오심과 반감은 하나님에 대한 신뢰와 소망을 낳습니다.[1] 그

---

1) 인간은 본성적으로 만족을 주는 대상은 좋아하고 집착한다. 이와 반대

러므로 그 후 마귀를 정복하기 위해서 하나님에서 도움을 찾습니다. 그는 끊임없이 하나님께 도움을 구합니다. 이는 마귀가 인간에 대한 전쟁을 멈추지 않듯이, 인간은 항상 마귀의 공격에 저항하며 마귀의 무자비한 불화살에 찔리지 않게 해주는 도움과 힘을 하나님에서 찾기 때문입니다.

복음서에서 "구하라 그리하면 너희에게 주실 것이요"(마 7:7)라고 말하듯이, 하나님은 우리의 간구에 따라 끊임없이 도움을 주십니다. 잠들지 않는 마귀를 항상 패배시키기 위해 하나님께 구하는 지속적인 도움이란 잠을 자지 않고 끈질기게 마음으로 드리는 지성의 기도를 반복하는 것입니다. 전능하신 주께서 이 기도를 주실 때, 이 기도는 마치 씨앗이 비옥한 땅에 떨어지듯이 우리의 깨끗한 마음에 심어집니다. 이 씨가 거룩한 은혜로 지성을 부드럽게 하고 마음을 뜨겁게 하고 영혼을 위로합니다. 그때부터 영혼은 지성의 기도의 열매를 삼십 배, 육십 배, 백 배 맺기 시작합니다.

성령의 은혜가 거룩한 사도들에게 단번에 주어지지 않았듯이,

---

로 우리에게 불만족의 대상은 증오하고 밀어낸다. 정념을 죽이면 애착의 대상이 하나님의 나라가 되고, 그렇게 되면 저절로 세상의 생각을 몰아내게 된다. 진정한 믿음의 삶을 사는 사람에게 사랑과 증오의 대상이 세상에서 하나님의 나라로 변화한다. 이 길은 험하고 협착하다.

지성의 기도도 단번에 완전하게 주어지는 것이 아닙니다. 그리스도께서 고난을 받고 십자가에 달리시기 전에 "내가 너희에게 뱀과 전갈을 밟으며 원수의 모든 능력을 제어할 권능을 주었으니"(눅 10:19)라고 말씀하실 때 처음으로 사도들에게 그 은혜가 조금 주어졌습니다. 두 번째로 그리스도께서 부활하신 후에 그들을 향하사 숨을 내쉬며 "성령을 받으라 너희가 누구의 죄든지 사하면 사하여질 것이요 누구의 죄든지 그대로 두면 그대로 있으리라"(요 20:22-23) 하실 때 그들이 큰 은혜를 받았습니다. 세 번째로 오순절 날에 불의 혀처럼 갈라지는 것들이 하늘에서 내려와 사도들의 머리에 임했을 때 그들이 성령의 은혜를 받았습니다(행 2:1-4).

하나님이 우리에게 지성의 기도 은혜를 주시는 방법도 같습니다. 첫째로 지성의 기도를 실천하여 더 많이 받을 수 있게 하기 위해 적은 분량의 지성의 기도를 주십니다. 그다음에 더 많은 분량의 기도를 받아 실천하여 완전한 기도의 은사를 받을 준비를 합니다. "철을 따라 열매를 맺으며"(시 1:3)라는 말씀처럼 예수 그리스도의 복음을 행하여 거룩한 은사에 합당한 열매를 하나님께 바칠 수 있는 단계에 도달한 사람에게 하나님은 완전한 분량에 따른 은사로 지성의 기도를 주십니다.

유유상종(類類相從)이라는 말처럼, 빛들의 아버지에게서 내려오는(약 1:17) 이 완전한 은사는 매우 귀하고 높은 것이므로 고결하고 고귀한 생활을 요구합니다. 이것을 증명하기 위해 어느 성인의 예를 들겠습니다.

성 막시무스 카프솔칼리프스(Maximos Kavsokalyves, 1270~1365)는 지성의 기도를 배우기를 원하여 이 은사를 달라고 끈질기게 기도했습니다. "네 마음의 소원대로 허락하시고 네 모든 계획을 이루어 주시기를 원하노라"(시 20:4)고 말씀하신 것처럼, 하나님께서 그에게 바라는 것을 주셨습니다. 성모 마리아가 나타나서 "막시무스야, 지성의 기도의 은사를 받으려면 성산 아토스로 올라가라"라고 말씀하셨습니다.

그리하여 막시무스는 아토스산 꼭대기로 올라가 바라던 것을 받았습니다. 그가 어떻게 산꼭대기에 올라갔을까요? 그는 맨발로 목마르고 배고프고 힘들게 산에 올라갔습니다. 그는 믿음으로 지극히 겸손하고 경건하게, 깨끗한 마음과 정신으로, 살아있는 믿음과 뜨거운 마음으로 올라갔습니다. 그는 꼭대기에 도착하여 뜨거운 눈물로 예배당[2] 바닥을 적셨습니다. 그런데 정상에 도착했지만 바라던 것을 받지 못했습니다. 그는 낙심하지는 않았지만 슬퍼

---

2) 해발 2,000m 아토스 산 정상에는 작은 주님의 변모 예배당이 있다.

하면서 성모마리아 교회로 내려갔다가[3] 한층 더 큰 믿음을 가지고 다시 꼭대기로 올라갔습니다. 이번에는 아주 겸손하게, 한층 더 열심히 간구하면서 올라갔습니다. 그의 몸과 영혼은 매우 굶주리고 목이 말랐고, 그는 먼저보다 더 뜨거운 눈물을 더 많이 흘렸습니다. "거룩한 아버지여, 당신은 영혼과 몸이 정념에서 벗어날 때까지 잠을 자지 않았습니다. 이는 성부와 그리스도께서 오셔서 당신 안에 거하셨기 때문입니다"라는 말처럼 그는 자신이 바라는 것을 받지 못한다면 아토스 산꼭대기에서 내려가지 않고 먹지 않고 마시지도 않고 잠도 자지 않기로 작정했습니다.

이것은 이 성인의 외적인 육체적 싸움에 불과합니다. 누가 보이지 않는 귀신과의 영적 싸움에 관하여 말할 수 있겠습니까? 이 성인이 지적인 기도의 은사를 받게 되었음을 깨닫고 그를 방해하고 놀라게 함으로써 두려워서 도망치게 하고 모든 일을 포기하게 하려고 모든 귀신이 모였습니다. 그들은 큰 무리를 지어 나타나 야단법석을 떨면서 소리를 질렀습니다. 이 거룩한 수덕자를 겁에 질리게 하려고 그의 정신에 온갖 모습의 무서운 것이 나타났습니다.

---

[3] 성모 마리아 교회는 해발 1,500m 높이에 위치하며, 정상에서 걸어서 1시간 내려가야 한다.

그러나 그는 원하는 것을 받을 때까지 견고한 기둥처럼 꿈쩍도 하지 않았습니다.

이윽고 무수한 천사들에게 둘러싸인 성모 마리아가 아기 예수를 안고 아토스산 정상에 내려왔습니다. 이 성인에게는 아토스산 꼭대기가 하늘보다 더 넓게 보였습니다. 이는 하늘보다 더 넓으신 성모 마리아가 하늘에 포함될 수 없는 신인이신 아들과 함께 그곳에 내려오셨기 때문이었습니다. 성인은 성모 마리아를 보고 즉시 땅에 엎드려 "은총이 가득하신 마리아님, 기뻐하소서. 주님께서 함께 계시니 여인 중에 복되시며, 태중의 아들 예수님 또한 복되시나이다.[4] 당신은 우리 영혼의 주님을 낳으셨습니다"라고 찬송하며 세 번 엎드렸습니다.

그때 성모께서 무흠한 손으로 그에게 거룩한 떡을 주셨고, 성인은 거룩한 두려움으로 그것을 받아먹었습니다. 갑자기 성모 마리아가 사라졌습니다. 성인은 거룩한 떡을 먹자마자 마음속에서 지적인 기도가 끓어오르는 것을 느꼈습니다. 그 순간부터 잠잘 때나

---

4) 이 기도문은 가톨릭의 "마리아의 기도"로서, 그 근원은 누가복음 1장 41-42절의 "엘리사벳이 마리아가 문안함을 들으매 아이가 복중에서 뛰노는지라 엘리사벳이 성령의 충만함을 받아 큰 소리로 불러 이르되 여자 중에 네가 복이 있으며 네 태중의 아이도 복이 있도다"이다.

깨어 있을 때나 마음속에서 그 기도가 끓어올라 그의 영혼을 부드럽게 했습니다. 그 기도가 마음을 뜨겁게 하고, 영적인 눈을 밝혀 주었습니다. 그의 눈이 조명을 받았기 때문에 흐리고 어두운 밤이었지만 그는 마치 한낮처럼 분명히 볼 수 있었고, 종종 독수리처럼 하늘을 날았습니다. 이것이 막시무스 카프소칼리프스 성인에게 일어난 일입니다. 이제 담론의 주제로 돌아가겠습니다.

위의 이야기는 아토스산 정상이 구름에 덮여 있듯이, 아토스산 정상에 올라가는 사람, 즉 흠이 없고 고결하고 깨끗한 사람, 쉬지 않고 몸으로 수고하지만 영혼 안에서 안식하고 평화를 누리며 자신의 지성을 하늘로 올려보내는 생활을 하는 사람에게 지적인 기도의 은사가 주어진다는 것을 드러내 줍니다.

우리 주 예수 그리스도의 아버지는 이 고결하고 거룩한 생활을 사랑하십니다. 이런 까닭에 그분은 노력하는 사람의 마음에 지적인 기도의 나무를 심으십니다. 한없이 흐르는 눈물의 시내에서 물을 공급받을 때 그 나무는 레바논의 백향목처럼 자랄 것입니다. 그 기도는 죄로 뜨거워진 사람을 거룩한 생각이라는 시원한 공기로 식혀 시원하게 해줄 것이며, 거룩한 일 때문에 굶주린 사람에게 그 달콤한 열매를 먹여줄 것입니다. 시편 기자는 "네가 네 손이 수고한 대로 먹을 것이라 네가 복되고 형통하리로다"(시 128:2)라고 기록합니다. 다시 말해서 당신이 지적인 기도, 지적인 묵상,

지적이고 영적인 관상의 나무를 마음에 심기 위해서 정념을 마음에서 근절할 때까지 그것들과 싸우면서 밤낮 겪는 고통과 수고와 고민 등 때문에, 꿀보다 더 달고 거룩하고 영원하고 지적이고 영적이고 썩지 않는 열매, 바다의 모래보다 더 많은 열매가 당신의 영혼 안에 준비되고 있습니다. 이 열매를 먹는 자는 복되고 행복합니다. 왜냐하면 그는 영원히 배고프지 않을 것이기 때문입니다. 그는 그리스도 안에 살고, 그리스도가 그 안에 사실 것입니다. 그리스도께 영광과 능력이 영원히 있을지어다. 아멘.

## 담론 5

지성의 기도 능력에 관하여

당신은 거룩한 눈물로 귀하고 거룩한 구원을 삽니다. 당신이 이 거룩하고 유익한 눈물을 빼앗길 때, 그리고 무감각과 무관심이라는 짙은 안개가 당신의 정신을 덮어 앞을 보지 못할 때, 그것이 당신의 영혼을 덮고 사망의 그늘에 당신의 지성을 가둘 때,[1] 이러한 일을 당할 때 영혼을 위한 치료를 찾거나 지성에서 무관심의 짙은 안개를 몰아내고 노예가 된 지성을 영적 맹목[2]의 쇠사슬에서 벗

---

[1] "어둠과 죽음의 그늘에 앉은 자에게 비치고 우리 발을 평강의 길로 인도하시리로다 하니라"(눅 1:79).

[2] "영적 맹목"(盲目; spiritual blidness)이란 "보아도 보지 못하는 자"(마 13:13)를 일컫는다. 육신의 눈으로 어떤 대상을 볼 때 그 표상에만 머

어나게 하기 위한 다른 방법을 찾지 말고, 잃어버린 눈물을 찾으려고 노력하십시오. 눈물만이 당신의 정신을 깨우치고, 영혼을 밝혀주고, 마음을 각성하게 하고, 거룩한 일에 열심을 내게 하고, 당신의 몸을 영혼의 뜻에 복종시켜줍니다.

다양한 덕이 눈물을 낳지만, 놀랍게도 마음의 기도가 지닌 능력도 눈물을 만들고 쏟아냅니다. 강력하게 드리는 마음의 기도는 몸과 혼을 씻어 눈보다 더 희게 하려고 눈물을 만들어냅니다. 시편 기자는 "나를 정결하게 하소서 내가 정하리이다 나의 죄를 씻어주소서 내가 눈보다 희리이다"(시 51:7)라고 말합니다.

그러나 "나는 여러 번 기도로 내 마음을 강압했지만, 눈물 한 방울도 보지 못했습니다"라고 말할는지 모릅니다. 당신은 기도로 마음을 강압했다고 믿지만, 과연 얼마나 많이 강압했습니까? 덕의 종류가 다양하고, 기술의 종류가 다양하고, 짐승들의 종류가

---

물러서 그 이면(裏面)에 감추어져 있는 신비의 하나님의 성성을 보지 못하는 것. 이것을 영적 맹목이라고 한다. 영적 대상을 보는 눈이 마음이다.
　이 책의 저자는 이것을 "맑은 지성"이라고 한다. 맑은 지성에 장애를 일으키는 것을 제거하는 것은 회개의 눈물이라는 은사이다. 눈물은 영혼의 세정제이다.

다양하고, 민족들이 다양하듯이 강압하는 힘도 다양합니다.

  기도로 마음을 강압해도 눈물을 받지 못한다면, 이는 마음의 아픔을 느끼지 못했기 때문이라는 것을 알아야 합니다. 아직 마음에 상처를 입혀 기도하는 곳인 마음이 예리한 칼로 찌르는 것 같은 아픔을 느끼지 못했고, 그러므로 눈물을 얻지 못한 것입니다. 마음 깊은 곳에서 기도하는 사람과 그렇지 않은 사람이 다르듯이, 마음으로 아픔을 느끼고 그 아픔 속에서 기도하는 사람과 마음에 상처를 입히지 않은 채 고통 없이, 내적인 마음의 칼이 없이 기도하는 사람이 다릅니다. 이것을 읽는 사람은 자신이 읽는 것을 이해하고, 이것을 받을 능력이 있는 사람은 받으십시오. 왜냐하면 모든 사람이 이것을 이해하는 것이 아니기 때문입니다. 내 말이 거짓이 아님은 사람의 마음을 감찰하시는 하나님이 아십니다. 기도의 지극한 내적 힘이 있는 곳에 마음의 아픔이 있습니다. 그것은 양날의 칼처럼 기도하는 사람의 가슴을 쪼갭니다.

  이것은 신속하게 죄책감을 낳습니다. 때때로 수도꼭지에서 물이 나오듯이 눈물이 솟아나 얼굴뿐만 아니라 옷과 땅바닥에까지 흘러 적십니다. 어떤 때는 눈가에 눈물이 맺히는 정도에 그칩니다. 어떤 때는 봄철이면 밤에 내리는 이슬이 지면을 적시듯이 눈물이 마음과 정신을 상쾌하게 해줍니다. 그러나 아픔의 긴장이 완화되지 않고 상처가 낫지 않고 마음이 회복되지 않은 채 눈물이 멈출 때 내면의 상처가 그대로 있고 아픔이 그대로라면, 당신은 원하는 때에 다시 눈물을 획득할 수 있을 것입니다. 이는 눈물이 솟아 나오는 샘이 봉하지 않은 채 열려 있기 때문입니다. 그 우물은 마르지 않고 여전히 물을 쏟아냅니다.

때로 힘들게 이 기도를 함으로써 눈물을 회복할 수 있습니다. 집중하여 아픔을 느끼면서 강력하게 다시 기도함으로써 그 기도가 시작된 곳에서 기도와 함께 눈물이 솟아난다는 것을 이해하게 될 것입니다. 이는 기도로 마음을 강압하는 순간 내면의 눈과 마음에 죄책감이 가득 차기 때문입니다.

마음의 아픔이 생생할 때 지성으로 관상함으로써 죄책감을 회복하기도 합니다. 이는 지성이 깨끗하고 밝고 고결하기 때문에 하늘의 아름다운 것들, 썩지 않는 피조물, 천사들의 영적 체계, 하나님 찬양, 창조주 예배, 창조의 경이, 하나님의 놀라운 위엄, 신성의 불가해성 등을 묵상할 수 있기 때문입니다.

깨끗하고 분명한 지성은 이것을 생생하게 묵상할 때 말할 수 없이 감미롭게 됩니다. 그리하여 마음에서 가책이 회복되고, 당신의 눈에서는 전보다 더 많은 눈물이 흐릅니다.[3] 눈물을 흘리면서

---

[3] 맑은 지성에 장애가 되는 것이 제거될 때, 천상의 희락(喜樂)과 함께 눈

구원을 위해 애쓰다가 넘어지면, 자신이 충분히 울고 영적 위로와 기쁨의 거룩한 천사가 일으켜줄 때까지 일어서지 않을 것입니다.

눈물을 흘린 후 영혼의 무감함과 구원에 대한 무력감, 불경(不敬), 무관심, 믿음의 부족 등이 사라지고, 정신은 비 온 뒤의 하늘처럼 깨끗해집니다.

하나님은 작은 위로, 하늘나라의 보증으로 이러한 눈물을 주셨습니다. 왜냐하면 "주는 번제를 기뻐하지 아니하시나이다 하나님께서 구하시는 제사는 상한 심령이라"(시 51:16~17)라고 기록된 바와 같이 하나님이 원치 않으시는 번제물을 드린 것이 아니라 당신의 마음, 당신 자신, 즉 영의 제물을 드렸기 때문입니다. 내면에서 느끼는 강한 아픔과 마음의 기도의 힘 때문에 내뱉는 피를 하나님은 받으실 만한 제물로 여기십니다.

왜 신체의 다른 부분이 아닌 가슴에 아픔을 느낍니까? 왜 기도가 예리한 칼처럼 내적으로 가슴을 토막 냅니까? 왜 어느 때는 차

---

물의 은사를 받는다. 희락과 눈물은 모순되는 현상이지만, 눈물 속에 천상의 희락이 들어있음을 알아야 한다. 기쁨에 겨워 눈물을 흘리면서, 동시에 지난날 하나님께 불충했던 죄악의 삶을 회상하고 회개함으로써 더 큰 희락을 갈구(渴求)하게 된다. 그러므로 이때 흘리는 눈물은 천상에서 기쁨의 찬양이 된다.

갑고 검은 피를 쏟고, 어느 때는 뜨겁고 붉은 피를 쏟습니까? 사랑하는 자여, 가슴에서 복된 기도가 마귀와 그의 종들을 상대로 강하게 씨름하고 싸우기 때문에 영혼 구원과 구속을 위해 이런 일이 당신의 가슴에서 일어납니다. 그곳에서 예수 이름의 양날 검이 사탄과 그 군대를 발견하여 토막 냅니다. 그것은 그들을 토막 낼 뿐만 아니라 태워버립니다. 왜냐하면 하나님의 이름은 마귀, 즉 죄를 대적하는 양날 검일 뿐만 아니라 소멸하는 불이기 때문입니다(신 4:24; 히 12:29 참조).

처음에는 일곱 가지 대죄[4]가 있어서 사탄이 일곱 통치자와 함께 다스렸습니다. 그러나 그리스도 이름의 영적인 칼이 그곳에 들어가고, "마음의 기도" 능력이 그곳으로 진격할 때 그 속이고 비겁한 폭군은 겁에 질려서 떱니다. 마귀와 그 군대는 하나님의 이름으로 태워 죽임을 당하는 것을 경계합니다. 그런 까닭에 그들은 가슴 깊은 곳으로 도망치며, 들키지 않으려고 휘장 뒤에 숨습니다.

---

[4] 7죄종(七罪宗, Seven Deadly Sins)을 말한다: 교만; 인색; 시기(질투); 분노; 음욕; 탐욕(탐식); 나태. 이것은 4세기 에바그리우스(Evagrius)와 요한 카시아누스(John Casianus)가 정립한 8정념에 근거를 두고 있는데, 이 중에 허영과 교만을 하나로 묶고, 순서를 재배치한 것이다.

마귀가 숨는 데 사용하는 휘장은 가슴 안쪽에 있습니다. 아담이 열매를 따 먹은 지식의 나무가 영적이며 유형적(physical)이었듯이 [5] 이 휘장은 영적인 동시에 유형적입니다. 낙원이 유형적이요 영적인 것으로 이해되듯이, 휘장도 영적이요 유형적입니다. 그것은 사탄의 완전한 힘으로서 감지할 수 없게 영혼의 활동을 다스리기 때문에 영적입니다. 때때로 내적인 마음의 기도와 집중의 도움을 받아 마귀의 처소, 사탄의 둥지, 바알세불의 거처, 루시퍼의 보좌, 귀신들의 도시를 발견합니다. 시나이의 그레고리를 비롯한 교부들의 주장으로는, 마귀는 사람이 이 사실을 깨달아 기도를 추구하여 사탄을 그 처소에서 몰아내는 것을 원하지 않습니다. 만일 사탄의 휘장이 유형적인 것이 아니라면, 내적 기도가 그것을 발견했다는 것을 어떻게 느끼겠습니까? 그것을 다음과 같이 설명해 보겠습니다.

지성의 기도의 힘과 지혜와 판단으로 내면 깊은 곳을 조사해보면, 내적 자아(속사람)와 외적 자아(겉사람)를 발견할 것이며, 그것이 정념들과 섞여 있고 항상 마귀의 뜻을 향하고 있으므로 하나

---

[5] Cf, St, John of Damascus, *An Exact Exposition of the Orthodox Faith* 2.11, PG 94:916B.

님에 대한 두려움과 지옥에 대한 기억을 가지고 이것들을 제어하지 않는다는 것을 발견할 것입니다. 당신이 거룩한 계명을 행함으로써 하나님께 가까이 갈수록, 자신이 하나님에서 얼마나 멀리 떨어져 있는지 깨달을 것입니다. 또 기도함으로써 마음을 깨끗하게 하고 흐르는 눈물로 정신을 깨우칠수록 자신을 죄인이요 탕자로 보게 될 것입니다.

왜 마음이 깨끗해지고 정신이 깨우치기 전에 이런 식으로 자신을 보지 않았습니까? 처음에 천사들이나 하나님, 또는 낙원이 무엇인지 바로 이해하지 못했기 때문에 자신을 이렇게 보지 못했습니다. 그러나 이제 마음이 깨끗한 수준에 비례하여 이런 것들을 대면했고, 정신이 깨우친 정도에 따라서 그것을 보았으므로, 자기를 무가치한 자요 탕자로 보며, 천사들이 매우 깨끗하며 주님이 말할 수 없고 이해할 수 없이 아름답고 깨끗하다고 확신합니다.

이런 까닭에 복된 교부, 세상 사람이라기보다 하늘에 속한 사람이요, 몸이 없는 사람 같은 시므온 메타프라스테스(Symeon Metaorastes)는 이렇게 말했습니다: "나는 간음, 음란, 교만, 오만, 모욕, 신성모독, 수다, 걷잡을 수 없는 웃음, 술 취함, 탐식, 과식, 미움, 시기, 탐욕, 금전욕, 질투, 자기애, 명예욕, 도둑, 불의, 부당 이득을 취함, 비방, 법을 지키지 않음 등의 죄를 범해왔습니다. 나는 몸의 모든 지체와 감각을 더럽게 하고 마귀의 종으로 만들고 마귀의 작업장이 되게 했습니다."[6] 사람은 누구나 어떻게든지 이러한 죄를 범합니다. 우리 모두 육신을 입고 이 세상에서 살고 있으며 마귀의 이끌림을 받기 때문에 이러한 죄를 범합니다."

이것이 그 휘장을 마귀의 악한 휘장이라고 말하는 이유입니다. 사탄은 그곳에 온갖 사악한 씨앗[7]을 모아 놓습니다. 거기서 음란, 낭비, 남색 등이 나옵니다. 거기서 식탐, 탐욕, 부당이득을 취함, 도둑, 불의 등이 나옵니다. 거기서 쾌락욕, 교만, 자만심, 사람들의 비위 맞춤 등이 나옵니다. 거기서 미움, 앙심, 시기, 판단 등이 나옵니다. 거기서 학대, 자랑, 정욕, 신성모독이 솟아오릅니다. 간단히 말해서, 더러운 샘처럼 거기서 모든 악이 나옵니다. 복음서에서 주님이 하신 말씀이 이것을 지적합니다: "마음에서 나오는 것은 악한 생각과 살인과 간음과 음란과 도둑질과 거짓 증언과

---

6) *Prayer*, PG 114:221A. 이것은 성 시므온 메타프라스테스의 글에서 발견되는 성찬 전에 바치는 회개 기도의 일부이다.

7) "가라지"를 마귀가 뿌려놓은 사악한 씨앗이라고 본다: "사람들이 잘 때에 그 원수가 와서 곡식 가운데 가라지를 덧뿌리고 갔더니"(마 13:25). 이 씨앗이 자라서 악한 열매를 맺는다: "마음에서 나오는 것은 악한 생각과 살인과 간음과 음란과 도둑질과 거짓 증언과 비방이니"(마 15:19).

비방이니"(마 15:19). 다시 말해서 우리가 마음과 내적 자아를 깨끗이 하지 않을 때 마음은 사탄의 거처와 도구가 되며, 거기서 우리를 더럽히고 영혼을 저주하는 모든 악이 나옵니다.

마음이 사탄의 거처가 될 때 어떻게 거기서 온갖 악이 나오는지 아십니까? 사탄은 그곳에 온갖 악의 씨앗과 파괴적인 속임수를 저장해두고, 부드러운 침대에 눕듯이 그 위에 눕습니다. 그러나 기도가 사탄의 집에 도착하여 흔들어놓으면, 벌집을 건드리면 벌들이 당황하듯이 사탄과 그의 사자들은 당황합니다.

하나님의 은혜로 마음의 기도에 이르러 그 안에서 진보한 사람이 사탄의 휘장을 찢어 없애려면, 마음의 기도에 전력을 기울여야 합니다. 그 휘장은 마귀의 서명, 죄의 기록, 루시퍼가 기록한 고백서인데, 마귀는 그곳에 모든 죄를 새겨놓았습니다.

마음의 기도의 힘으로 마귀와 당신 자신의 영적, 유형적 휘장을 찢는다면, 즉시 그 위에 기록된 모든 죄를 지우고, 마귀가 그곳에 당신의 악한 행위를 기록하기 위해 기울인 모든 노력을 수포로 만들 것입니다. 우리는 강력하게 강압하는 기도를 사용하여 그것을 찢을 수 있습니다.

강압적인 강력한 기도가 그곳에 도착하면, 즉시 그곳에 영적인 늑대가 주님의 영적인 양인 당신이 죽는 순간 영혼을 잡아채서 갈기갈기 찢고 당신의 선행을 삼키려고 기다리고 있다는 것을 깨달을 것입니다. 옛 뱀(계 12:9 참조)이 영혼을 독살하려고 그곳에 둥지를 틀고 있다는 것을 마음으로 느낄 때 놀랍게도 보이지 않게 열심이 나타나서 마음의 기도의 능력으로 마귀의 휘장을 찢게 합니다. 사탄의 활동을 감지할 때 거룩한 열심의 감화를 받아 단호하게 "기도의 강력한 힘 때문에 내가 죽든지 마귀와 그의 간계가 내 마음에서 몰려나갈 것이다"라고 말할 것입니다. 이것이 마귀의 휘장을 찢어 없애는 방법입니다.

아무도 꺾을 수 없는 강한 기도는 내면 깊은 곳에 도달하여 마귀와 귀신들을 몰아냅니다. 결국 그것이 죄와 정념의 씨앗과 함께 그곳을 완전히 태워버리며, 그다음에 하나님의 위로가 그곳에 임합니다. 이런 까닭에 어느 찬송가 작가는 "영원한 불로 내 죄를 태우시고, 주님 안에서 기쁨이 충만하게 해 주십시오"[8]라고 찬송합니다.

우리가 마음에서 마귀를 격파하고 몰아내기 위해서 기도로 자신에게 폭력을 가한 곳이기 때문에 우리는 그곳에서 피를 흘립니다. 그곳은 가장 담대한 싸움이 있는 곳이며, 놀라운 용기를 발견

---

8) *The Great Horologion*, "The Service of Preparation for Holy Communion" (Boston: Holy Transfiguration Monastery, 1997) 806.

할 수 있는 곳입니다.

이 모든 일이 폭군들의 자랑인 원수의 보좌가 있는 곳에서 발생합니다. 그곳에서 사탄은 높이 들린 보좌에 앉아 자신의 속임수의 복잡한 방법을 자랑했습니다. 그러나 주님의 이름으로 드리는 복되고 강력한 기도는 그곳에 이르러 사탄의 보좌를 뒤엎고 그의 자랑을 잠재웁니다.

영원하고 거룩하신 왕의 군사여, 기도가 내면 깊은 곳에 도달했음을 깨달은 것이 언제인지, 기도 안에서 거의 완전하게 되었음을 느낀 것이 언제인지, 그러한 유형적인 싸움 후에 영혼이 느낀 안도감이 어떤 것인지 말해 주십시오. 그때 사나운 음란의 짐승이 마음이나 육체를 괴롭히지 않으며, 사람들 가운데 그러한 정념이 존재한다는 것을 의식하지 않습니다. 내면에 거하는 주님의 은혜가 보호해주므로 원수가 당신의 깨끗한 자아를 더러운 정욕으로 더럽히지 못할 것입니다.

그때 당신의 몸이 치욕스러운 정념들에 대해 죽고 주님의 은혜로 소생하고 새로워진 것을 봅니다. 마음의 기도가 지닌 내적인 힘이 종종 온몸을 피곤하고 약하게 하여 마치 마취된 사람처럼 땅에 쓰러질 위험에 처하게 하기도 합니다.

기도가 완전한 단계에 이르면, 내면에서 분노가 완전히 사라지고, 그리스도의 평화가 내면을 다스립니다. 내면에서 형제에 대한 긍휼함과 사랑이 다스리기 때문에 이웃에 대한 미움과 증오가 설자리를 얻지 못합니다. 이제 당신은 형제를 대신하여 고난받으려 합니다.

그때 하나님이 마음의 영적 눈을 뜨게 하여 영혼이 병들었음을 보게 해주셨기 때문에, 즉 자기의 끔찍한 결점과 하나님께 진 빚을 보게 해주시므로 절대 다른 사람을 판단하지 않습니다. 이 거룩한 은사는 형제를 정죄하지 않도록 보호해줍니다. 이제 자기 눈에 들어 있는 작은 티를 형제의 눈에 있는 들보보다 더 크게 여깁니다. 영혼의 악한 눈이 멀었으므로 형제의 눈에 들어 있는 들보를 보지 못하며, 혹시 보아도 상관하지 않습니다.[9]

이렇게 완전한 단계에 이른 기도가 교만을 녹여 없애므로 한순간도 교만이 내면에 자리 잡지 못합니다. 이는 따뜻한 햇볕이 서리를 없애는 것과 같습니다. 이제 온유하고 겸손하신 예수가 당신 안에 거하시며, 마음에 주님의 온유와 겸손을 새기고 인칩니다. 당신이 자신의 병을 보고 깨달은 후에는 교만할 수 없습니다. 혹

---

[9] "어찌하여 형제의 눈 속에 있는 티는 보고 네 눈 속에 있는 들보는 깨닫지 못하느냐"(마 7:3); "어찌하여 형제의 눈 속에 있는 티는 보고 네 눈 속에 있는 들보는 깨닫지 못하느냐"(눅 6:41) 참조.

시 사람들이 당신의 본성적인 결점을 볼 수 있다면, 그들은 즉시 자신에게 망신을 주고, 자신이 악함으로 인류를 오염시키고 손해를 입히지 않도록 사라지게 하려고 자기에게 돌을 던질 것입니다.

성인들은 이 거룩한 은사를 받았습니다. 이런 까닭에 어떤 성인은 자신을 음란한 사람이요 탕자로 여겼습니다. 어느 성인은 자신을 야만인이요 개라고 불렀습니다. 어느 성인은 자신을 죄인 중에 괴수라고 여겼습니다. 그런데 세상에서 바위틈이나 구멍을 찾아 그 안에 들어가서 평생 울며 지내기만 바라는 당신이 어떻게 교만할 수 있겠습니까?

이제 당신에게 신성 모독이 가까이 올 수 없습니다. 왜냐하면 사람들을 사용하여 하나님을 모독하는 귀신들이 당신과 당신 주위에서 쫓겨났기 때문입니다. 이제 그리스도의 이름과 능력을 찬양하는 천사들이 당신을 둘러싸며, 그들과 함께 창조주 예수님의 선하심을 찬양합니다.

이제 수다스러움이 몰려났으므로 필요한 것에 대해서도 말하려 하지 않습니다. 이것은 그리스도를 숭배하기 때문입니다. 신비스럽게도 그리스도와 대면해서 이야기합니다. 시끄러운 웃음소리가 영혼에 어울리지 않는다고 여깁니다. 왜냐하면 영혼이 신비하게 주님의 이름을 예배하기 때문입니다. 과식이나 과음을 미워하고 피하며, 심지어 빵과 물도 배불리 먹고 마시려 하지도 않습니다.

몸이 없는 것처럼 살면서 깨끗하게 그리스도를 섬기는 데 족할 만큼만 먹고 마시려 합니다.[10]

기도가 이 단순한 음식을 섭취하는 분량을 판단합니다. 기도가 보이지 않게 배불리 먹는 것을 금할 뿐만 아니라(이는 기도가 과식과 폭식의 귀신을 몰아냈기 때문입니다), 당신의 위에 하나님의 은혜가 가득하므로 적은 양만 섭취할 수 있습니다.

기도는 먹고 마시는 양에 대해 다음과 같이 가르쳐줍니다: 당신의 병들고 약한 마음을 강화하기 위해 빈약한 음식을 먹고(성경은 "마음을 힘있게 하는 양식"[시 104:15], "오늘 우리에게 일용할 양식을 주시옵고"[마 6:11]라고 말합니다), 예배하는 마음으로 음식을 먹기 시작할 때 하나님의 사랑이 보이지 않게 당신을 둘러쌉니다. 빵이나 소박한 음식을 먹을 때 하나님의 은혜로 설탕을 먹는 것처럼 단맛을 느끼므로 실제로 그 음식의 에너지를 느낍니다.

때로는 단순한 음식이나 빵이 옛날 이스라엘 백성이 광야에서 먹은 만나처럼 여겨집니다. 즉 양념하지 않고 삶은 채소나 기름을 치지 않은 채소가 우유나 고기 국물이나 꿀이나 생선처럼 보입니

---

10) Cf. *The Evergetinos*, Book IV, Hypothesis XXVI (Aetna: Center for Orthodox Traditionalist Studies, 2008), 331-332.

다(**지혜서 16:20-21**). 그처럼 놀라운 음식을 먹고 맛볼 때 정신은 마치 하늘의 떡을 먹고 주님의 영광의 불가해한 음료를 마시는 듯이 하늘에서 누리는 형언할 수 없는 단맛을 묵상하면서 부드러워집니다. 다시 말해서 정신과 생각을 초월하는 놀랍고 형언할 수 없고 불가해한 주님의 영광을 관상하며, 놀랍게도 모든 선한 것으로 채워집니다.

이런 까닭에 다윗은 "나는 의로운 중에 주의 얼굴을 뵈오리니 깰 때에 주의 형상으로 만족하리이다"(**시 17:15**)라고 말했습니다. 입과 정신으로 단맛을 경험할 때 내면에서 기도가 저절로 뛰어오르면서, 마치 "너는 이미 충분히 먹었어"라고 말하는 듯이 배불리 먹지 못하게 해줍니다. "사람이 떡으로만 사는 것이 아니요 여호와의 입에서 나오는 모든 말씀으로 사는 줄을 네가 알게 하려 하심이니라"(**신 8:3; 마 4:4**)라는 말씀이 지적하듯이, 인간은 빵으로만 사는 것이 아니라 하나님의 은혜로 삽니다.

내면에서 기도의 움직임을 느낄 때 당신을 향한 지극히 높으신 하나님의 섭리와 은사를 기억하고 기뻐합니다. 형언할 수 없는 기쁨의 눈물이 얼굴을 적실 뿐만 아니라 당신의 음식에도 흘러 들어갑니다.

또 단순히 물을 마실 때 성령이 당신을 찾아오십니다. 물을 마실 때 갑자기 눈에서 끊임없는 눈물샘이 열리는데, 이것을 생명을 유지하기에 충분한 물을 마셨다는 표식으로 이해합니다. 그보다 더 많이 먹고 마실 이유가 있습니까? 많이 먹고 마시는 것은 영혼을 파괴하는 듯합니다. 그러므로 더 먹고 마시는 것을 멈추고, 기뻐하면서 식탁에서 일어섭니다. 첫째로, 지치고 약해진 마음을 튼튼하게 하기에 충분한 음식을 먹었습니다. 둘째로, 주님이 당신을 기억하시고, 가책과 거룩한 기쁨의 순수하고 깨끗한 포도주로 정신과 마음을 채워주셨습니다. 잠시 주제에서 벗어났었지만, 이 담론이 영적인 기쁨에 대한 것이므로, 마음의 아픔에 대해 언급하겠습니다. 영적인 기쁨과 마음의 아픔은 같은 기도의 열매입니다. 하나의 기도가 영혼의 위로와 마음의 아픔을 낳습니다.

마음 깊은 곳에서 기도를 읊조릴 때 마음이 아픔을 느끼며, 그 아픔에서 깊은 탄식이 나옵니다. 탄식하면서 아픔을 느끼지 않는 사람이 있습니까? 아픔을 느끼고 있으면서 얼굴을 찡그리지 않는 사람이 있습니까? 나는 두 가지 아픔에 대해 말하고 있습니다. 당신은 강력한 기도가 진행되고 있는 내면의 장소에서 육체적인 아픔을 느낄 뿐만 아니라, 당신이 기도로 마음을 괴롭힐 때 영적으로 영혼이 아픔을 느낍니다.

마음의 육체적인 아픔은 탄식을 낳지만, 영혼의 영적인 아픔은 얼굴을 찌푸리게 합니다. 시무룩하고 고통스러운 표정은 마음의 아픔을 지속시킵니다. 왜냐하면 자신의 죄를 기억하고 본성의 질

병을 예리하게 관찰할 때 계속 기도로 마음을 괴롭히는데, 그렇게 되면 영혼을 구원하는 마음의 아픔이 당신을 정복하지 않을 수 없습니다.

이 아픔은 마음의 기도의 힘에 비례하여 증가합니다. 오랫동안 기도로 마음을 강압할 때 내면에 지속적인 큰 아픔을 느끼며, 인간을 기다리고 있는 죽음을 생생하게 이해합니다. 그 아픔은 죽음의 기억을 가리킵니다. 이 아픔에서 죽음을 느낄 때 어떻게 느낍니까? 그것을 불분명하고 멀리 떨어진 것으로 느끼는 것이 아니라 분명하고 가까이 있는 것으로 느낍니다. 당신을 사로잡은 아픔은 호흡과 관련되어 있습니다. 호흡할 때마다 내면에서 예리한 아픔을 느낍니다. 강력한 마음의 기도가 가슴 속을 찢어 영적으로 큰 상처를 냅니다. 들이쉰 공기가 가슴을 통과하여 마음이나 가슴의 상처에 접근할 때 큰 아픔을 경험합니다. 때때로 아픔이 커질 때면 한 번 호흡하는 동안 두세 번 큰 아픔을 경험하기도 합니다.

죽음에서 무엇을 바랄 수 있습니까? 이 세상을 떠날 때 무엇을 기대합니까? 무덤에서 무엇을 기대합니까? 그러한 아픔을 느낄 때 죽음이 눈앞에 있습니다. 눈앞에 죽음이 있을 때 당신을 지으신 하나님이 앞에 계십니다. 이런 까닭에 다윗은 "내가 여호와를 항상 내 앞에 모심이여 그가 나의 오른쪽에 계시므로 내가 흔들리지 아니하리로다"(시 16:8)라고 말했습니다. 눈앞에 있는 죽음을 이렇게 기대하는 것은 일반적인 기대와 다릅니다. 왜냐하면 기도의 아픔에서 솟아나는 죽음에 대한 기대에는 형언할 수 없이 거룩한 달콤함이 섞여 있기 때문입니다. 시편 기자는 "여호와께서는 순진한 자를 지키시나니 내가 어려울 때에 나를 구원하셨도다"(시 116:6)라고 말하고, 죄인의 죽음에 관하여 "악이 악인을 죽일 것이라"(시 34:21)라고 말합니다. 의인에게는 죽음을 기대하는 것이 달콤하며, 그것은 다음과 같은 방식으로 경험됩니다:

    기도로 마음을 강압하면 아픔이 옵니다. 그 아픔으로 인해 그리스도의 고난과 아픔을 기억하게 됩니다. 그리스도와 함께 고난을 받을 때 그분과 함께 영광 받기를 바랍니다. 아픔이 그리스도의 고통과 결합해준다는 것을 어디에서 알았습니까? 또 만일 이 아픔으로 인해 죽는다면 그리스도와 함께 영광을 받으리라는 것을 어디에서 알았습니까? 이제 내가 말하려는 것에서 이런 것들을 알게 되었습니다. 기도의 아픔과 탄식의 결과로서 마음이 아프기 전에는 기독교 신앙의 은혜와 단맛을 느끼지 못하며, 자신의 구원에 대한 참된 깨달음도 소유하지 못합니다. 그리스도의 선과 단맛을 맛보거나 느끼지 못한 채 명목상으로만 기독교인입니다. (기름 부음을 받은 자를 의미하는) 그리스도의 이름은 매우 선하고 귀하므로 세상은 그 이름에 합당하지 못합니다. 그리고 그 선은 맛본 사람에게는 달콤하고 위로가 되기 때문에 이 세대의 달콤함이 그것에 비교될 수 없습니다. 내면에 기도의 아픔을 소유한 사람만 그리스도의 이름의 귀함과 달콤함을 알고 이해합니다. 왜냐하면 그들은 기도함으로써 그리스도의 이름의 달콤함과 은혜를 맛보았기 때문입니다.

인간은 몸과 혼으로 이루어져 있습니다. 몸은 땅의 떡을 먹고 자랍니다. 혼은 생명의 떡, 즉 그리스도에 의해 양분과 힘을 얻습니다(요 6:35 참조). 그러므로 "긍휼하신 주님, 당신의 거룩한 몸이 나를 위한 영원한 생명의 떡이 되기를 기원합니다"라고 기도합니다.[11]

그러므로 마음의 기도의 아픔과 비통한 탄식 없이 세상의 떡을 먹는 사람은 그리스도의 이름의 선과 능력과 에너지를 느끼지 못합니다. 이는 큰 아픔이 없이 세상의 떡을 먹으면 마음이 비대해지고 하나님을 느끼지 못하기 때문입니다. 다시 말해서 자기 영혼의 구원에 무관심해집니다. 그러나 기도의 강력함과 탄식과 보이거나 보이지 않는 유혹 때문에 마음과 영혼과 가슴이 아픈 사람은 주 예수 그리스도의 이름을 들을 때나 내적으로 아파하면서 그 이

---

11) *The Great Horologion*, "The Service of Preparation for Holy Communion," 787.

름을 묵상할 때, 또는 생생한 믿음으로 뜨겁게 그 이름을 부를 때 그리스도에 대한 사랑 때문에 내면에서 신적 에너지를 활성화하는 그리스도의 이름의 능력을 느낍니다. 그의 정신은 그리스도의 거룩한 이름이 꿀이나 설탕처럼 달게 느낍니다. 이런 까닭에 다윗은 "주의 말씀의 맛이 내게 어찌 그리 단지요 내 입에 꿀보다 더 다니이다"(시 119:103)라고 말했습니다. 그 사람의 감각이 그리스도의 거룩한 이름을 알아차리는 것처럼 보입니다. 그 이름을 들을 때 그의 귀가 기뻐하고 즐거워합니다. 그 이름이 기록된 것을 볼 때 그의 육체의 눈과 영의 눈이 기뻐합니다. 거룩한 천사들은 세상을 보존하고 유지하기 위해 여러 곳에 그리스도의 거룩한 이름을 기록합니다.

"마음의 기도"의 능력으로 인해 내면에 그리스도의 거룩한 이름이 새겨진 사람은 그 이름을 들을 때 영혼을 관통하여 꿰뚫는 존경심으로 채워집니다. 존경심에 이어 기쁨이 그의 정신에 들어옵니다. 그 이름이 친밀하고 사랑하는 친구의 이름처럼 들립니다. 그의 눈에서 기쁨의 눈물이 흘러나옵니다. 기도 때문에 마음은 내면에서 뛰어오르며 즐겁게 놀고 춤춥니다. 영혼은 주님의 기쁨을 누립니다(마 25:21 참조). 이 모든 것은 영혼과 그리스도의 친밀함, 그리고 기도의 힘으로 인해 마음이 아픈 사람 안에서 그리스도의 이름이 이런 식으로 작용한다는 것을 의미하고 표현합니다.

이제 그리스도와 친밀해졌기 때문에 마음의 아픔을 두려워하지 않으며, 영혼이 몸을 떠나 갈 곳을 확실히 알기 때문에 두려워하지 않습니다. 입과 정신과 마음과 영혼에서 "나의 그리스도"라는 말이 끊이지 않습니다.

그는 호흡보다 더 자주 "나의 그리스도, 나의 그리스도"라고 말합니다.[12] 어디서 무엇을 보든지 "나의 그리스도"라고 말합니다. 무엇을 듣든지 "나의 그리스도"라고 말합니다. 어디에 가든지 "나의 그리스도"라고 말합니다. 잠잘 때 "나의 그리스도"라는 말과 함께 잠듭니다. 먹을 때 "나의 그리스도"라는 말과 함께 먹고, 일할 때도 "나의 그리스도"라는 말과 함께 일합니다.

그런 사람의 내면에 "나의 그리스도, 나의 그리스도"라는 말이 뿌리를 내리고 있다는 것은 쉽게 증명할 수 있습니다. 사람의 감각이 존재하지 않는 것을 정신으로 감지할 수 없듯이 "나의 그리스도, 나의 그리스도"라는 말과 결합한 정신이 그리스도를 감지하지 않을 수 없습니다. 그리스도가 그의 마음에 거주하지 않는데 어떻게 그에게 그리스도의 이름과 달콤함이 가득할 수 있겠습니까? 그리스도의 이름의 충만함과 달콤함은 내적으로 아픔을 느끼

---

12) St. Gregory the Theologian, *Oration* 27.4, PG 36:16C.

면서 드리는 마음의 기도의 결과입니다.

마음의 아픔은 가혹하면서도 달콤합니다. 거룩한 40명의 순교자는 "겨울은 가혹하지만, 낙원은 달콤하다"[13]라고 말했습니다. 아픔이 몸에는 가혹하지만, 영혼에는 낙원입니다. 왜냐하면 기도의 고통으로 인해 마음이 아플 때 영혼이 기뻐하며 쉬기 때문입니다. 아픔이 완화되면 몸이 쉬지만, 영혼은 거룩한 기쁨과 형언할 수 없는 즐거움의 신비한 식사가 제거되었기 때문에 슬퍼합니다. 그러나 고통이 돌아오면 몸은 쉬지 못합니다. 기도의 힘과 함께 아픔이 마음 안에 모습을 드러냅니다. 아픔이 임하기 전에도 영혼은 영적인 기쁨의 확실한 소망 때문에 즉시 뛰면서 기뻐하기 시작합니다. 아픔이 임한 후에 영혼은 기쁨 때문에 마음과 정신의 분명한 부드러움과 혼합된 침묵의 소리를 외칩니다. 그리고 눈물을 흘리며 예수 그리스도께 다음과 같이 말합니다:

"주님, 당신의 나라에 나를 받아주십시오(눅 23:42 참조). 예수님, 당신은 나의 사랑이요 빛이십니다. 당신이 계신 곳에 나를 받아 주십시오. 사랑의 예수님, 지금 이 순간 나를 받아 주십시오. 내

---

13) St. Basil the Great, *Homily on the Holy Forty Martyrs* 6, PG 31:517A.

주여, 나를 받아주십시오. 나의 하나님, 나의 그리스도시여, 당신의 형언할 수 없는 즐거움과 선하심은 맛본 순간부터 당신에게서 떨어지는 것을 견딜 수 없습니다. 나는 당신이 계시지 않는 것을 견딜 수 없습니다. 나는 당신 사랑의 꺼지지 않는 불로 타오릅니다. 당신을 기억할 때면 당신을 뜨겁게 사모하게 됩니다. 당신에게서 분리되었기 때문에 약해졌고, 당신을 빼앗겼기 때문에 당신을 생각할 때 매우 슬픕니다."

영혼은 그리스도에 대한 뜨거운 사랑을 품고서 이렇게 말합니다. 몸이 영혼과 함께 슬퍼하며 울고 나면, 영혼은 그리스도께서 기도를 듣고 의인들의 이름이 새겨진 생명책에 자신의 이름을 기록하셨다고 확신합니다. 시편 기자는 "나를 위하여 정한 날이 하루도 되기 전에 주의 책에 다 기록이 되었나이다"(시 139:15)라고 말했습니다.

그러나 예수 그리스도는 자신의 판단에 따라 영혼의 유익을 위해서, 즉 두 배, 세 배, 백 배의 열매를 맺게 하시려고 영혼을 세상에 버려두십니다. 주님의 위로 때문에 영혼의 아픔이 조금 감소하지만, 주님은 항상 영혼 구원을 위한 사랑으로 인해 고통받기를 원하시므로 우리 마음의 아픔을 줄여주시지 않습니다. 주님은 뜨거운 눈물의 양을 늘림으로써 아픔을 줄여주십니다.

이 아픔은 주님을 사랑하며 노력하는 사람에게 주시는 하나님의 큰 선물입니다. 이 선물을 얻지 못한 사람은 이 세상에서 영적으로(엑스터시나 꿈이나 환상으로) 하나님을 볼 수 없고, 다음 세상에서 자신이 하나님과 함께 있을 것이라고 확신할 수 없습니다.

이 아픔을 발견하려면 오랜 시간이 필요하며, 마음의 기도의 강력한 힘으로 많이 노력해야 얻을 수 있습니다. 기도로 마음을 강압하지 않으면, 이 아픔을 발견할 수 없습니다. 그것은 큰 노력과 힘을 발휘함으로써 획득되지만, 이 아픔과 관련하여 조금이라도 부주의하게 행하면 신속하게 사라지므로, 작은 부주의로도 자신이 찾던 고귀한 은사가 신속하게 사라지는 데 크게 충격을 받을 것입니다. 그러나 한 번이라도 그것을 발견했다가 잃은 사람은 그것을 찾는 길을 알기 때문에 쉽게 다시 찾을 수 있습니다. 그는 이 아픔이 없으면 마음이 쾌락에 빠지며 주의 길을 떠날 것이기 때문에 오랫동안 아픔 없이 지내는 것을 허락하지 않습니다.

이 아픔은 깨지고 비천해진 마음에서 생겨나며, 영원히 흐르는 희망의 눈물을 낳습니다. 그것은 영혼과 정신에는 음식이며, 지성에는 위로입니다. 이 아픔은 천사들의 기쁨이고, 귀신들의 슬픔입니다.

내면에 항상 이 아픔을 소유하는 사람은 영혼을 잠시 세상에서 끌어내어 다른 세상에 가며, 그곳에서 거룩한 천사들과 함께 자신의 몫을 소유합니다. 이 아픔은 정념을 죽이고, 귀신들을 쫓고, 지성을 진정시키고, 영혼을 부드럽게 하고, 정신을 위로하고, 마음이 거룩한 하늘의 것을 좋아하게 합니다. 이 아픔은 거룩한 신비를 가르치고 하늘의 개념을 나누어주는 교사입니다.

이 내적인 아픔을 지닌 사람은 거룩한 생각을 품지 않을 수 없습니다. 내면에 이 아픔이 나타나면 그의 지성은 즉시 세상의 것을 쓰레기처럼 버리고 하늘의 것을 따라잡습니다. 내면에 그리스도가 주시는 아픔이 있으면, 흐르는 눈물이 지성을 깨끗하게 하며, 신비하게 마음에 나타난 깨끗한 기도가 지성을 정화하기 때문에 지성은 하늘의 것에게로 들려 올려집니다. 지성이 가장 거룩한 것에게로 올라간 사람은 영혼과 마음이 부분적으로 맛보았던 형언할 수 없는 감미를 소유하신 분을 발견하고 보려 합니다.

그 사람은 영적으로 영원하고 거룩한 것 가운데 다니면서 자기가 마음으로 찾고 가슴 아파하던 사랑을 소유하신 분을 발견합니다. 그는 자신이 사모하던 분, 선지자 이사야가 본 보좌에 앉으신 분을 발견하여 보는 즉시 그 앞에 엎드려 겸손히 예배합니다. 이 아픔이 이러한 영광을 누릴 자격을 부여하며, 어린아이가 엄마의 품에 안기듯이 전능하신 주 예수님의 품에 안길 자격을 줍니다. 그가 그곳에서 가장 사랑스러우신 분, 주 그리스도에게 입을 맞출 때 눈물이 강물처럼 흐릅니다. 그는 그리스도에게 절대 떠나지 말라고 간청하고 기도합니다. 그는 그리스도와 하나님의 은혜가 영원히 함께해달라고 간청합니다. 그때 그리스도께서 변모하시고 사도들이 그 영광을 본 베드로처럼 "주여 우리가 여기 있는 것이 좋사오니"(마 17:4; 막 9:5; 눅 9:33)라고 말합니다.

  사랑의 예수 그리스도께서 우리에게 영혼을 구원하는 마음의 아픔을 주시며, 이 세상에서 항상 영적으로 주님을 볼 수 있게 해 주시며, 다음 세상에서 영혼의 안경을 벗은 후에 그분을 대면하여 보며 천사들과 함께 영원히 그분께 영광을 돌리게 해 주시기를 기원합니다. 아멘.

## 담론 6

지성의 기도와 가책에 관하여

겸손한 사람이여, 쇳덩이가 빨갛게 달아올라 불처럼 되듯이, 마음이 완전히 기도가 될 때까지 마음 깊은 곳에서 지성의 기도를 끊임없이 반복하십시오. 기도하는 내면에 상처가 생길 때까지 마음의 기도를 계속하십시오. 당신이 강력한 기도에서 자원하여 받는 상처는 거룩한 가책의 영적인 샘이 될 것이며, 노력하지 않아도 그곳에서 항상 가책이 흘러나올 것입니다.[1] 그리스도의 은혜

---

1) "죄인이나 의인 모두 양심의 가책을 면하지 못합니다. 죄인은 악을 완전히 버리지 않았기 때문이요, 의인은 아직 온전함을 이루지 못했기 때문입니다"(『필로칼리아』, 제3권, 장로 일리야스의 격언집 60번, 53쪽).
 여기서 말하는 가책은 양심의 소리이다. 신신학자 시메온의 글에서

로 이러한 영적 상태에 이를 때 신비하게 주님의 선하심을 맛볼 것입니다. 시편 기자는 "여호와의 선하심을 맛보아 알지어다"(시 34:8)라고 말합니다. 다시 말해서 주님의 이름을 묵상하면서 신비하게 주님의 은혜를 맛볼 때 주 예수 그리스도가 매우 사랑스러운 분이요 다정하신 분임을 분명히 이해하고 확신합니다.

겸손한 자여, 다음에 대해 생각하십시오: 신비하게 맛본 적은 은혜로 말미암아 우리 주 예수 그리스도가 당신의 영혼과 마음과 정신과 속사람 전체에게 매우 다정하시다는 것, 말로는 그분의 다정하심을 조금도 표현할 수 없다는 것을 이해하고 확신했습니다.

영혼이 몸을 따라 하나님에게 가서 세상의 눈으로 본 적이 없고 귀로 들은 적이 없고 더러운 마음으로 감지한 것이 없는 선한 것을 누릴 때, 즉 사람이 말할 수 없는 것을 영혼이 누릴 때 경험하는 즐거움과 기쁨이 얼마나 크겠습니까? 아멘, 아멘. 이것에 대해 주의 깊고 신중하게 생각하면 물고기의 입처럼 침묵하고, 어떤 말

---

영적으로 건강하려면 가책, 즉 양심의 소리에 귀를 기울여야 한다고 했다: "영적으로 건강해지려면, 양심에 귀를 기울이며 양심이 말하는 대로 행하십시오. 그리하면 당신을 유익을 얻을 것입니다"(『필로칼리아』, 제4권, 신신학자 시메온, 15쪽). 그러므로 가책을 느끼지 못하는 자는 양심에 화인을 맞아서 사악에 습관이 된 사람이다.

도 할 수 없을 것입니다. 이제 이 담론의 주제로 돌아가겠습니다.

영적으로 신비하게 주님의 선하심을 맛볼 때, 당신의 지성에 영적 비전의 우유가 부어질 때, 주님이 당신의 기도를 기쁘게 여기실 때(시편 기자는 "나의 기도를 기쁘게 여기시기를 바라나니 나는 여호와로 말미암아 즐거워하리로다"[시 104:34]라고 말했습니다), 성령의 위로로 말미암아 마음이 형언할 수 없이 "거룩한 기쁨의 자비"[2]를 누릴 때, 이 모든 일이 당신에게 일어날 때, 이제 지성은 기도에 주의를 기울이지 않게 됩니다. 이는 왕의 친구가 궁에 들어갈 때 무기를 가지고 갈 필요가 없고, 친구인 왕과 교제하며 평화롭게 왕의 식탁에서 즐기는 것과 같습니다. 그 순간 영혼은 지적으로 거룩한 은혜, 영혼을 찾아와 호의적으로 인사하는 거룩한 은혜가 제공되는 영적 식탁에 집중합니다. 그때 영혼은 오직 하나님과 하나님의 은혜에만 열중하며, 그 순간 자신이 누리는 영적 즐거움 안에서 쉽니다.[3]

---

2) "왕은 정의를 사랑하고 악을 미워하시니 그러므로 하나님 곧 왕의 하나님이 즐거움의 기름을 왕에게 부어 왕의 동료보다 뛰어나게 하셨나이다"(시 45:7).

3) 이 문장을 다시 구성한다면: "가책은 회개의 눈물을 낳고, 이로 인하

그때 영적으로 대접받는 하나님의 친구는 하나님의 은혜로 고귀한 지성적이며 영적인 비전의 단계에 도달하여 지성이 맛보는 지적인 꿀과 벌집을 관상하며 살아계신 창조주를 보는데, 그때 가책과 영적 안식이 홍수처럼 밀려옵니다.[4)]

하나님의 은혜가 당신의 영혼 안에서 어떻게 영적이고 거룩한 에너지를 활성화하는지 생각하고 관상할 때 가책과 안식이 가득해집니다. 하나님의 은혜로 풍성하게 부어진 영적 기쁨으로 인해 마음의 얼굴에 띠는 유쾌함을 생각하면서 많은 눈물을 흘리며 안식합니다. 마음에 풍부하게 부어진 거룩한 내적 은혜 때문에 표정

---

여 정념에 영향을 받은 지성이 깨끗함을 얻게 된다. 이제 깨끗한 지성은 정념과 싸우기 위한 기도라는 무기를 내려놓고 지성소에서 하나님과 함께 식탁에서 즐기며 안식한다."

4) "지성적이며 영적인 비전"(noetic and spiritual vision)이란 순수하고 깨끗한 마음으로 대상의 근저를 꿰뚫어 보는 "관상"을 의미한다. 관상이란 깨끗한 마음(마 5:8)의 시선은 대상 근저에 감추어져 있는 성성(聖性)을 보는 눈이다.
이 장에서 말하는 바는 지적인 깊은 기도로 인해, 하나님의 은혜로 관상의 단계에 이르면 성성을 보기 전에 먼저 (1) 가책이 따르며, 이로 인해 (2) 눈물을 흘리게 되며, 그런 다음에 (3) 하나님을 뵙는 기쁨이 올 것이라는 흐름으로 설명하고 있다. 저자가 말하는바, 이러한 큰 그림을 기억하고 읽으면 이해가 좀 더 쉬울 것이다.

이 유쾌해질 것을 생각할 때 부드러운 가책과 쉼이 채워집니다.[5] 주님의 선하심과 친절하심을 생각할 때 가책과 쉼이 가득해집니다. 주 하나님이 지극히 자비하시며 사람들을 사랑하신다는 것을 생각할 때 가책과 쉼이 가득해집니다.

주 하나님이 전능하심을 생각할 때, 가책과 쉼이 가득해집니다. 주의 나라가 영원하며 주의 권세가 대대에 이른다는 것을 생각할 때, 가책과 쉼이 가득해집니다. 주의 이름이 주의 종들에게는 거룩하고 달콤하지만, 귀신들에게는 사납고 쓰다는 것을 생각할 때, 가책과 쉼이 가득해집니다. "여호와는 위대하시니 우리 하나님의 성, 거룩한 산에서 극진히 찬양받으시리로다"(시 48:1)는 것을 생각할 때 가책과 쉼이 가득해집니다. 천사들과 대천사들과 하늘의 거룩한 세력들이 주님을 찬양하고 영광을 돌린다는 것을 생각할 때, 가책과 쉼이 가득해집니다. 주님이 그룹 천사를 타시며, 바람 날개를 타고 하늘을 나시며 구름을 타고 다니신다는 것을 생각할

---

5) 저자는 여기서 "가책과 쉼"(compunction and rest)을 한 쌍으로 묶었다. 그 이유는 가책은 회개를 낳고, 하나님은 회개하는 영혼을 주님의 전에서 안식하게 해 주신다. 따라서 긴밀하게 연결된 "가책과 쉼"을 하나의 현상으로 설명하고 있다. 따라서 지성의 기도는 가책을 낳고, 가책은 하나님의 현존 안에서 안식하게 인도한다.

때, 가책과 쉼이 가득해집니다. 주님이 땅을 굽어보시면 땅이 진동한다는 것을 생각할 때(시 104:21) 당신은 그 힘에 놀라고 가책하며 쉽니다. 주님의 위엄이 하늘보다 높다는 것을 생각할 때, 가책과 쉼이 가득해집니다. 주님이 거룩한 보좌에 앉으셨다는 것과 그 보좌가 영원하다는 것을 생각할 때, 가책과 쉼이 가득해집니다. 주님의 보좌가 하늘에 있고 그의 영광이 하늘보다 높다는 것을 생각할 때, 가책과 쉼이 가득해집니다. 주님이 말씀으로 만물을 지으셨고 명령하심으로 모든 것을 지으셨다는 것을 생각할 때, 가책과 쉼이 가득해집니다. 간단히 말해서 당신의 영혼이 마음을 상하게 하는 기도로 하나님과 화해할 때 가책이 끊임없이 부어지며, 하나님의 경이와 판단을 끊임없이 찬양하게 됩니다.

이 모든 일에서 영혼은 즐거워하고, 지성은 기뻐하고, 마음은 춤추고 몸이 기뻐합니다. 이는 왕의 충성된 종들이 왕의 부유함과 위엄 때문에 기뻐하고 즐거워하고 춤추는 것과 같습니다.

그리스도가 행하시는 거룩하고 놀라운 일 때문에 당신이 누리는 달콤함에 비례해서 마음에서 가책이 솟아오릅니다. 달콤함보다 거룩한 은혜가 먼저 주어지듯이, 달콤함 뒤에 가책이 따릅니다. 먼저 통회하는 마음이 있어야 거룩한 은혜가 주어집니다. 가책이 가득한 사람은 거룩한 것을 보기에 합당한 자로 간주됩니다. 지성이 지적이고 불가해한 것에 몰두할 때 신적인 거룩한 환상을 볼 수 있습니다. 우리 하나님께 세세토록 영광과 능력이 있을지어다. 아멘.

## 담론 7

지성의 기도와 하나님의 은혜

사랑하는 자여, 내면 깊은 곳에서 오랫동안 지성의 기도를 드릴 때 영혼을 성화하고 마음을 위로하고 몸과 혼의 모든 감각을 보호해주는 하나님의 은혜를 받을 것입니다. 때때로 성 삼위의 은혜가 임하는데, "아버지와 아들과 성령의 이름"(마 28:19)으로 영혼이 기뻐하고 정신이 쾌활해지고 마음에서 가책이 솟아나고 눈에서 뜨거운 눈물이 흐르기 때문에 그것을 이해합니다. 이것을 "성 삼위의 방문"이라고 부릅니다.

때때로 아버지 하나님의 은혜가 기쁨과 함께 당신을 찾아옵니다. 그때 가책이 가득하며, 영이 아들과 성령의 이름보다 하나님의 이름 앞에서 더 유쾌해지기 때문에 당신은 이것을 이해합니다. 이것을 "아버지 하나님의 방문"이라고 부릅니다.

때때로 주 예수 그리스도께서 당신을 찾아오십니다. 이것은 그리스도의 사랑스러운 이름과 거룩한 신비 앞에서 느끼는 가책과 상쾌함이 아버지와 성령의 이름 앞에서 느끼는 것보다 더 크기 때문에 알 수 있습니다.

때로 성령이 당신을 찾아오셔서 비둘기처럼 당신 주위를 날아다니십니다. 이것은 아버지와 아들의 이름 앞에서 느끼는 가책과 상쾌함보다 성령의 이름 앞에서 느끼는 것이 더 크기 때문에 알 수 있습니다. 이것을 "성령의 방문"이라고 부릅니다.

때때로 아버지와 아들과 성령이라는 세 이름 앞에서 느끼는 가책과 상쾌함의 분량이 같지 않습니다. 때때로 아버지의 이름 앞에서 느끼는 것이 더 크고, 어느 때는 아들의 이름 앞에서 느끼는 것이 더 크고, 어느 때는 성령의 이름 앞에서 느끼는 것이 더 큽니다. 이것은 성 삼위가 하나의 본질을 갖지 않기 때문이 아닙니다.

성 삼위에게 기도할 때 지적인 눈으로 같은 분량의 마음의 열정을 가지고 삼위일체의 한 본성, 한 본질, 한 능력을 동등하게 보지 않기 때문에 같은 분량의 가책과 상쾌함을 느끼지 않는 것입니다. 또 마음 깊은 곳에서 삼위 각각의 이름을 부를 때 품는 경배심이 같지 않습니다. 이런 까닭에 같은 분량의 가책과 상쾌함이 채우지지 않는 것입니다.

그러므로 성 삼위께 기도하고 예배할 때 각 삼위의 이름을 똑같이 공경해야 합니다. 삼위를 동일하게 공경하며 같은 분량의 열심을 품고 기도해야 합니다. 그렇게 하면 같은 분량의 가책과 상쾌함이 당신에게 채워질 것입니다.

삼위일체의 삼위는 하나의 본성과 하나의 본질을 지닙니다. 이는 아버지가 빛이요, 아들이 빛이요, 성령이 빛이시기 때문입니다. 다시 말해서 신격은 하나요, 위격은 셋입니다.

그러므로 당신이 지적으로 공경하면서 아버지 하나님을 바라볼 때, 아버지께서 당신을 깨우쳐주실 것이고, 아버지의 이름 앞에서 당신에게 가책이 가득해질 것입니다.

지적으로 공경하면서 아들을 바라볼 때 아들이 당신을 깨우쳐 주실 것이며, 가책이 가득해질 것입니다.

성령과 관련해서도 같은 일이 발생합니다. 그러므로 삼위의 각각의 이름 앞에서 같은 분량의 가책을 느끼기를 원한다면, 위에서 말한 것처럼 해야 합니다. 즉 삼위를 똑같이 공경하고, 똑같이 찬양하고, 똑같이 존중해야 합니다.

이런 까닭에 성 삼위의 하나의 신격에 큰 소리로 다음과 같이 기도합니다: "이제부터 영원히 세세토록 한 마음 한 소리로 아버지와 아들과 성령의 이름을 찬양하게 하옵소서."[1]

---

1) Divine Liturgy of St. Basil and St. John Chrysostom

## 담론 8

지성의 기도와 하나님의 말씀이 달콤해짐에 관하여

겸손한 사람이여, 당신이 혀를 형언할 수 없이 달콤하게 해줄 단맛을 맛보려 할 때 신중하게 노력하여 소유해야 하는 것은 다음과 같은 세 가지입니다: 금식, 절제, 지성의 기도.[1] 자발적으로 갈망하면서 금식과 절제와 지성의 기도를 하지 않으면, 결코 경이로운 달콤함을 맛보지 못할 것입니다. 혀로 경험하는 놀라운 달콤함

---

1) "주의 말씀의 맛이 내게 어찌 그리 단지요 내 입에 꿀보다 더 다니이다"(시 119:103). 저자는 말씀의 단맛을 추상적으로나 개념적으로 아는 정도가 아니라 실제로 혀가 단맛을 느꼈던 경험을 기록한 담론이다.
　신적인 희락과 달콤함은 금식과 절제, 그리고 쉬지 않는 지성의 기도(noetic prayer)를 마칠 때, (하나님의 은혜로) 관념적이 아니라 실제(the real)를 체험할 수 있다. 그러나 음식을 취하는 순간, 이 단맛이 사라진다. 그러므로 꼭 필요한 경우가 아니면 음식을 절제하고 지성의 기도를 계속할 것을 이 담론은 제안하고 있다.

은 영적인 일에 더 열심을 내게 하기 위해서 하나님이 주시는 큰 위로입니다.

이 경이로운 신적인 달콤함을 맛보는 사람은 극소수이며, 항상 그것을 경험하는 것이 아니라 주님이 위로하실 때만 경험합니다. 그들은 실제로 그것을 경험할 때 꾸준히 금식하고 항상 절제하며 쉬지 않고 마음을 다해 그리스도께 기도하는 사람에게 좋은 것이 무엇인지 이해합니다. 이것들이 없는 사람은 입에 이러한 달콤함을 받을 수 없습니다.

이 달콤함은 영적인 것이기 때문에 묘사할 수 없습니다. 영적이고 신비한 것을 묘사할 수 없습니다. 그것이 어떻게 영향을 주는지 조금이나마 이해하게 하기 위해서 다음과 같이 말합니다:

형언할 수 없이 혀를 달콤하게 해주는 경이로운 신적 달콤함은 설탕의 달콤함과 비슷하면서도 설탕과 전혀 다릅니다. 설탕을 입에 넣으면 달지만, 설탕이 녹아 삼킨 후에는 다시 설탕을 입에 넣지 않는 한 단맛을 느낄 수 없습니다. 주님의 은혜가 우리의 입에 넣어주는 영적이고 순이지적인 단맛은 그렇지 않습니다. 이 단맛은 입안에 남아 있으며, 그 맛을 유지하기 위해 단것을 더 맛보아야 할 필요가 없습니다. 우리가 지성의 기도와 깨끗한 금식으로 말미암아 받게 되는 하나님의 달콤함은 고갈되지 않습니다.

하나님의 단맛이 주어질 때 입에 작은 설탕 알갱이를 넣었을 때처럼 단맛을 느낍니다. 혀가 달콤해지는 것을 느낄 때 영적이고 신적인 달콤함을 더 많이 경험하려면 입을 다물어야 합니다, 이렇게 하면 이 형언할 수 없는 신적인 달콤함이 혀끝에서 끊어지지 않고 솟아나는 것을 느낄 것입니다. 만일 당신이 누군가와 함께 말을 한다면, 그 달콤함은 즉시 사라질 것입니다. 그러나 입을 굳게 다물고 있으면 놀랍게도 혀가 다시 달콤해질 것입니다.

인동(honeysuckle)이라는 식물에 꿀이 담겨 있는데, 꽃을 따서 입으로 빨면 꿀 같이 단맛이 납니다. 하나님의 은혜가 주어질 때 입으로 느끼는 즐거움도 이와 비슷합니다. 그 둘의 차이점은 꽃을 빨아서 느끼는 달콤함은 사라지지만, 하나님의 달콤함은 먹고 마시는 것을 삼가는 한 사라지지 않는다는 것입니다. 당신이 무엇인가를 먹는 날에는 하나님의 달콤함을 생생하게 느끼지 못할 것입니다.

대개 음식을 먹는 날에는 영적인 단맛이 완전히 사라집니다. 입을 다물고 호흡할 때마다 그 활동을 느낄 때 경이롭게도 입안에서 계속해서 단맛이 솟구칩니다. 때때로 당신은 입술에서도 단맛을 느낍니다. 입술에 설탕 가루를 뿌렸거나 꿀을 바른 것처럼 입안에서부터 단맛이 흘러나옵니다.

겸손한 분이여, 이 단맛을 경험하는 동안에 꼭 필요하지 않은 한 세상 음식을 먹지 마십시오. 만일 세상 음식을 먹는다면 위로할 수 없을 만큼 슬퍼하게 될 것입니다. 배에 먹을 것을 주지 말고 굶으십시오. 배가 고파야 입이 하나님의 단맛에 만족합니다. 만일 음식을 먹으면, 경이로운 단맛이 사라질 것입니다. 신적인 단맛을 느낄 때 침을 뱉지 말고 삼키십시오. 침을 삼킬 때 입안에 단맛을 느낍니다. 만일 침을 뱉으면 경이로운 단맛을 느끼지 못할 것입니다. 나중에 후회하지 않으려면 필요할 경우 외에는 입을 굳게 다무십시오.

만일 내면에 이 경이롭고 고귀한 단맛을 느끼고 있으면서 성경을 소리내어 읽어야 한다면, 경건한 마음으로 읽으십시오. 읽으면서 입에서 느끼는 영적 단맛에 주의를 기울이십시오. 만일 단맛이 남아 있다면, 그 단맛과 독서에 주의를 집중해야 합니다. 그렇게 한다면 혀가 아닌 정신 안에서 또 다른 영적 즐거움을 경험할 것입니다. 하나님의 은혜가 정신을 달콤하게 줄 것입니다. 하나님의 위로는 두 배로 증가한 후에 세 배가 될 것입니다. 하나님의 위로가 눈에도 영향을 미칠 것이며, 두 눈에서 하나님 사랑의 순결한 기쁨의 눈물이 솟아날 것인데, 그것은 당신의 영혼에 매우 달콤한 것입니다. 하나님에서 세 배의 위로를 받은 후에 네 번째 위로가 주어질 것입니다. 당신은 세 번째 위로를 받고 있으면서 동시에 성령의 은혜로 말미암아 자신의 속사람이 기쁨의 신적 자비로 기름 부어짐을 지성으로 봅니다. 그로 말미암아 당신은 지극히 평온하고 쾌활하고 기쁠 것입니다. 성령의 은혜와 위로를 받을 때 영혼의 감각 모두가 위로를 받을 것입니다.

당신의 입이 형언할 수 없고 경이로운 단맛을 느낄 때 이런 일들이 발생할 것입니다. 성경을 읽는 동안 혀에서 이 귀한 단맛이 사라져도 낙심하여 먹을 것을 찾거나 이야기를 하려 하거나 정신이 산만해지는 것을 허락하지 말고 자신을 지키십시오. 그렇게 하면 잠시 후 다시 입안에서 단맛을 느낄 것입니다. 경이로운 신적 단맛이 다시 당신의 혀를 달콤하게 해줄 것입니다.

이 거룩한 달콤함이 혀의 본질에서 나옵니까, 아니면 하나님의 은혜가 혀를 자극하여 달게 할 때 나옵니까? 이에 대해서는 확신하기 어렵습니다. 진리는 그것이 혀의 본질에서 나오는 것이 아니라 감지할 수 없게 혀를 건드리고 형언할 수 없이 통과하는 신적인 은혜에서 나온다는 것입니다. 그래서 혀에서 달콤함이 솟아 나오는 것처럼 보입니다. 이것에 대해 상세히 조사할 필요가 없습니다. 조사해보아도 위에서 말한 것 이상의 것을 발견하지 못할 것입니다.

때때로 신적인 달콤함이 내면에서 솟아 나와 혀가 느끼는 단맛이 감소하여 완전히 사라지는 것처럼 보일 때가 있습니다. 그러나 놀랍게도 그때 혀가 다시 달콤함을 느끼기 시작합니다.

겸손한 분이여, 이런 일을 경험할 자격이 있을 때 기쁨과 즐거움이 가득합니다. 그때 하나님의 위로가 입을 달게 해주기 때문에 단 음식을 먹거나 단 음료를 마실 필요가 없습니다. 세상 음식의 단맛은 오래가지 않고 사라집니다. 반면에 하나님의 위로에서 오는 단맛은 세상 음식을 삼가는 한 계속 입안에 머뭅니다.

옛날 하나님께서 히브리 백성에게 만나를 먹여주셨습니다. 그들이 땅의 열매를 삼가는 동안에는 하늘의 만나가 그들에게 주어졌는데, 그것은 그들을 형언할 수 없이 상쾌하게 해주었습니다. 그들이 땅의 열매를 먹으면 즉시 만나가 사라졌습니다. 그러므로 그리스도의 은혜로 말미암아 감각적으로 미묘하고 감지할 수 있는 달콤함을 맛보며 천사들의 음식인 하늘의 만나를 먹을 자격이 있는 사람이 땅의 열매를 맛보려 한다면, 그 신비한 즐거움이 즉시 사라질 것입니다. 그러므로 항상 금식하고 절제하며 기도하여 음식을 배불리 먹어 하늘의 만나를 빼앗기기보다는 그 경이로운 달콤함을 즐거워하는 편이 좋습니다.

언젠가 수도 사제가 성찬식 준비를 하고 있었습니다. 그는 헌물 봉헌 의식을 거행하는 도중에 갑자기 눈물을 흘리며 울었습니다. 봉헌 의식이 끝났을 때 갑자기 애통함과 가책이 밀려와서 울었습니다. 그는 예배 중에 "주님의 나라는 아버지의 나라이며"를 비롯하여 말씀을 선포할 때 지나치게 가책하지 않으려고 자제하고, 자신의 가책이 드러나지 않게 하려고 한층 음성을 크게 했습니다.

그는 기도문을 봉독할 때도 가책을 느꼈습니다. 복음서를 봉독할 때 가책이 무척 심했기 때문에 억제할 수 없어서 눈물을 흘리면서 울었습니다. 그날 성찬식에 참석한 사람들 모두가 가책을 느꼈습니다. 성찬식 내내 사제는 계속 가책을 느꼈고, 영혼은 무한한 기쁨을 경험했습니다. 그는 주님의 몸과 피를 축성하면서 성반(聖盤)과 성찬보와 헝겊 제대를 눈물로 적셨습니다.

성찬식이 끝난 후, 그에게 왜 가책이 가득했고 교인들 앞에서 많은 눈물을 흘렸는지 정직하게 말해 달라고 부탁했습니다. 진리를 사랑하는 그 사람은 이렇게 말했습니다: "형제여, 나는 아침기도를 할 때 끊임없이 마음으로 지적으로 주님의 이름을 묵상했습니다. 기도가 중반에 이르면 입에 달콤함이 느껴지기 시작하는데, 그것은 점점 더 달아졌습니다. 동시에 내면에 영적인 위로가 주어졌습니다. 시간이 흐르면서 '주 예수 그리스도 하나님의 아들이시여, 나를 불쌍히 여기소서'라고 계속 반복할 때 입안에서 경이로운 달콤함이 계속 증가하고, 내면에서 하나님의 위로가 강해졌습니다. 그때 갑자기 마음에 가책이 채워지기 시작했습니다. 내가 전례를 거행하기 위해 입당 기도문을 봉독한 후에 입안에 달콤함이 강해졌고, 내면의 하나님 위로가 한층 생생해졌습니다. 나에게 더 쉽게 더 많은 가책이 채워졌습니다. 헌물 봉헌을 위해 성찬을 준비할 때 입안에 큰 달콤함을 느꼈고, 동시에 마음은 하나님의 위로를 경험했습니다. 흐르는 눈물을 참을 수 없었습니다. 복음서를 봉독할 때 입안의 경이로운 달콤함이 한층 더 증가했습니다. 동시에 거룩한 복음의 말씀이 나의 정신을 부드럽게 하였으므로 나의 지성은 단어 하나하나의 의미와 정신과 능력을 분명히 이해했습니다. 나는 마음에 가득 차서 솟구쳐 나오는 가책을 감추거나 억제할 수 없어서 어린아이처럼 울었습니다. 그 순간부터 예배가 끝날 때까지 입으로 느낀 경이로운 달콤함과 정신이 거룩한 말씀을 이해하면서 느낀 기쁨 때문에 나는 가책으로 가득했습니다."

나는 한 번도 입으로 그러한 달콤함을 맛본 적이 없고 영혼 안에 그러한 위로를 느낀 적이 없었기 때문에 진심으로 나 자신을 비판했습니다.

## 기도문

주님, 마음으로 공경하며 주님의 거룩한 이름을 묵상하는 주님의 종들이 경험하는 즐거움과 달콤함을 나에게 허락하여 주시사, 내가 마음을 다해 주님의 이름을 사랑하고 묵상함으로써 주님이 은혜로 허락하실 때 내 입으로 거룩한 달콤함을 맛보게 해 주십시오. 주님, 그때 그와 함께 주님의 거룩한 지식의 빛이 내 마음속을 비출 것이며, 주님의 거룩한 말씀에 대한 참되고 완전한 이해가 내 정신의 눈을 비추어줄 것입니다. 나의 창조주 하나님, 내 안에 이러한 일이 발생하게 해주실 때 주님의 말씀은 내 입안에서 꿀보다 더 달 것입니다. 사랑하는 예수여, 주님의 신령하고 거룩한 달콤함의 크고 불가해한 샘에서 나오는 거룩한 달콤함을 한 방울만 나에게 뿌려 주십시오. 내 영혼은 금이나 은이나 보석보다 주님의 신령하고 거룩하고 경이로운 달콤함을 더 원합니다. 나는 주님의 종입니다. 내가 생각할 때 그것은 꿀과 벌집보다 더 답니다. 나의 주님, 사랑하는 주 예수님은 모든 신자의 형언할 수 없는 달콤함이십니다. 주님께 세세토록 영광을 돌립니다. 아멘.

# 담론 9

### 지성의 기도와 금식으로 인한 영육의 탈진에 관하여

형제여, 내 마음이 탈진하고, 내면이 약하고, 내 손이 기진맥진합니다. 비천하고 가련한 나의 온몸이 기진맥진합니다. 나는 강력한 마음의 기도가 일으키는바 마음이 극도로 탈진했을 때 영혼이 받는 큰 혜택과 엄청난 힘과 상상할 수 없는 은혜에 대해 상세히 쓸 수 없습니다. 몸의 내적, 외적 상태가 이렇게 극도의 탈진 상태에 이르기를 원하는 사람, 영혼과 마음이 자신의 탈진 상태에 비례하여 하나님의 은혜를 맛보기 위해서 거룩한 교부들과 같은 상태와 단계에 이르기를 원하는 사람에게 필요한 것은 금식과 마음의 기도입니다.

영혼에 이 두 가지는 꿀과 설탕을 떨어뜨리는 거룩한 식물, 경이롭게 끊임없이 거룩한 달콤함을 영혼 안에 흘려 넣어주는 거룩한 식물과 같습니다. 이 두 가지를 실천하는 사람의 마음과 영혼은 은밀하게 온갖 영적 위로를 취합니다. 다시 말해서 금식과 마음의 기도를 실천하는 사람은 내면에서 영감된 거룩한 성경 안에 감추어져 있는 영적이고 은밀한 기쁨과 하늘의 불가해한 풍부함을 느낍니다. 그는 꿈이나 거울에서 보듯이 경험하는 것이 아니라 (금식과 지성의 기도를 실천하지 않는 사람은 자신이 이러한 일을 경험하고 있다고 상상할 뿐입니다), 실제로 영혼과 마음 안에서 다음과 같은 방식으로 느낍니다:

금식하는 사람이 지성의 기도로 마음을 상하게 하여 내면 깊은 곳에서 마음의 아픔을 경험할 때 내적으로나 외적으로 극도의 탈진 상태에 빠집니다. 극도의 탈진 상태는 몸 안에 감추어져 있는 외적으로나 내적인 육욕적 쾌락을 베고 약하게 합니다. 그때 "하나님의 나라는 너희 안에 있느니라"(눅 17:21)라는 말씀처럼 그는 내면에서 거룩한 영적 즐거움을 맛봅니다.

사람이 내면에서 신비하게 맛보는 거룩한 영적 즐거움은 다음과 같이 이해됩니다:

"주 예수 그리스도, 하나님의 아들이시여, 나를 불쌍히 여기소서"라고 기도하는 사람은 내면에 하나님과 거룩한 말씀을 향한 참되고 성실한 공경심을 획득합니다. 그와 함께 성령의 은혜가 그의 내면에 표시되는데, 그것은 그의 마음과 혼의 기쁨과 위로입니다. 성령의 은혜가 깨끗한 마음에 다가오면 영혼이 위로받을 뿐만 아니라, 여러 시간 동안 집중하여 마음에서 지성으로 기도할 때 입안에 단맛이 느껴지듯이 마음이 불가해하고 신비한 방식으로 경이롭게 달콤해집니다.

성령의 은혜로 경험하는 마음의 달콤함은 영적이고 신비한 것이지만, 꿀이나 설탕을 먹을 때 감각적으로 느끼는 달콤함과 흡사합니다. 영혼은 다음과 같은 방식으로 성령의 은혜의 달콤함을 느낍니다:

성령의 은혜가 영혼에 다가오면 성경 전체가 마치 설탕을 방울방울 떨어뜨리는 잎이 많고 무성한 나무처럼 보입니다. 그 나무의 뿌리는 그리스도의 무한한 달콤함에서 수액을 얻고, 가지는 영혼 안에 불가해한 달콤함을 떨어뜨려 줍니다. 마음은 다음과 같은 방식으로 성령의 은혜의 달콤함을 느낍니다:

마음속에 거하시는 성령의 은혜를 느끼는 사람은 중심에서 거룩한 기쁨과 영적인 위로를 느낍니다. 위로받은 마음은 성령의 은혜에서 오는 무형의 거룩한 온기로 뜨거워집니다. 이에 대해 그리스도께서는 "내가 불을 땅에 던지러 왔노니 이 불이 이미 붙었으면 내가 무엇을 원하리요"(눅 12:49)라고 말씀하십니다.

이렇게 거룩한 온기가 마음을 따뜻하게 해주면 그리스도의 사랑의 큰불이 마음에 점화되고, 그리스도의 갈망과 사랑이 마음을 소유합니다. 마음으로 주 예수를 생각하면서 흘리는 눈물이 마음을 녹여 부드럽게 합니다. 샘에서 솟아 나오는 물을 (샘의 한 곳을

막으면 다른 곳에서 물이 솟아나기 때문에) 완전히 멈추게 할 수 없듯이, 마음의 상태도 그렇습니다. 하나님의 달콤함을 맛보는 마음은 자발적으로 은혜의 달콤함에 놀라고 울며 눈물을 흘립니다.

그러나 만일 어떤 사람이 이 세상의 임금(요 12:31), 즉 마귀의 일을 행함으로써 마음의 눈물을 멈추게 한다면, 악의 임금이 활동하는 순간 선을 미워하는 자의 악함 때문에 잠시 눈물이 멈춥니다. 그러나 마음이 다시 자신을 찾아오는 하나님의 은혜에 집중하고 지켜본다면, 다시 전처럼 울기 시작합니다. 마음이 우는 것은 창조주를 찾으며 외칠 때 눈물과 함께 은혜의 영적 달콤함을 느끼기 때문입니다. 이것은 성인들이 장래에 누릴 형언할 수 없는 기쁨의 보증으로 현세에서 소유한 애통의 열매입니다.

그 순간부터 마귀나 사람이 마음에서 그 거룩한 이상과 영적 묵상을 떼어내지 못하며, 천사들도 영적 기쁨 안에 감추어진 거룩한 지적 묵상을 마음에서 떼어내지 못합니다. 이에 대해 바울은 "누가 우리를 그리스도의 사랑에서 끊으리요"(롬 8:35)라고 말했습니다. 그 무엇도 하나님의 은혜 안에서 소유하는 영적인 묵상에서 마음을 떼어놓을 수 없습니다. 마음은 신적 은혜의 신비한 기쁨을 신비하게 맛본 순간부터 하나님의 은혜를 발견하고 맛보기 전에 소유했던 원래의 속임과 지옥에 떨어지는 벌을 이해합니다. 불운하고 비참하고 낙심한 가련한 사람이 어떤 이유로 왕의 친구가 되어 좋은 옷을 입고 궁궐에서 왕과 함께 편하게 생활한다면, 궁궐에서의 생활을 포기하고 이전의 불운한 삶으로 돌아가려 하겠습니까? 그렇지 않을 것입니다. 육욕적인 겉사람에게 이것이 적용된다면, 영적인 속사람에게는 한층 더 적용될 것입니다.

  매일 매 순간 하나님의 은혜를 맛보는 마음은 자신이 항상 걸어다니던 울퉁불퉁하고 험한 길을 알고 있습니다. 그러나 이제는 교활한 마귀가 여가(leisure)라는 형태로 제시하는 것에 주목하지 않습니다. 이는 원수의 길에서 기다리고 있는 것은 영혼의 멸망, 마음의 비통함, 그리고 양심을 검사하는 것 등이라는 것을 마음은 분명히 알고 있기 때문입니다. 마음은 하나님의 은혜 안에 위로와 기쁨, 그리고 영혼과 마음의 달콤함이 있다는 것을 압니다. 이런 까닭에 다윗은 "하나님이여 내 속에 정한 마음을 창조하시고 내 안에 정직한 영을 새롭게 하소서"(시 51:10)라고 기도했습니다.

  예수님이 "마음이 청결한 자는 복이 있나니 그들이 하나님을 볼 것임이요"(마 5:8)라고 말씀하신 것같이, 다윗은 사람의 마음이 깨끗해지면 지성으로 내면에서 하나님을 볼 수 있으리라는 것을 성령으로 말미암아 알았습니다. 그래서 "내 속에 정한 마음을 창조하시고"라고 말했습니다. 또 그는 선지자였기 때문에 성령이 우리 마음에 거하신다면 마음속에서 표현할 수 없는 기쁨을 느낄 것이고, 몸의 중심이 뜨거워질 것이라고, 즉 내면 깊은 곳에서 영적이고 신적인 달콤함과 섞인 영적이고 신적인 온기를 느낄 것을 알았습니다. 그래서 그는 "내 안에 정직한 영을 새롭게 하소서"라고 말했습니다.

### 기도문

사랑의 그리스도시여, 내 안에 선한 위로의 영을 새롭게 하셔서 나의 비통한 마음이 형언할 수 없이 상쾌해지며, 내 몸과 마음의 얼굴이 주님의 영의 위로를 받게 해 주십시오. 마음의 즐거움은 얼굴을 빛나게 합니다(잠 15:13).

사랑의 하나님, 내 영혼의 달콤함과 즐거움이시여, 내 마음을 회유하여 주시고, 주님의 위로의 은혜로 내 정신을 회유하여 주십시오. 영광의 주님, 주님은 약속하신 대로 성령의 은혜로 주님의 친구들을 위로하시기 때문에 보혜사이십니다. 주님은 제자들과 사도들에게 "내가 떠나가는 것이 너희에게 유익이라 내가 떠나가지 아니하면 보혜사가 너희에게로 오시지 아니할 것이요 가면 내가 그를 너희에게로 보내리니"(요 16:7)라고 말씀하셨습니다. 주님, 주님의 아버지요 내 아버지, 주님의 하나님이요 내 하나님께 이 보혜사를 나에게 보내달라고 부탁해 주십시오.

전능하신 주 하나님, 나를 주님의 사랑 안에 확고히 서게 해 주십시오. 내 마음의 즐거움의 주, 당신에게 소망을 두는 모든 영혼의 구주시여, 성령의 은혜가 내 마음에 나가와 내 영혼을 만질 때 나는 즉시 주님을 사랑하는 자들을 위해 세상이 세워지기 전에 마련하신 영원히 선한 것을 조금 맛보고 느낍니다. 예수여, 이것을 경험할 때 주님의 사랑이 내 마음을 찌르며, 내 영혼은 나의 그리스도를 향한 꺼지지 않는 거룩한 사랑의 불로 뜨거워집니다. 주님, 내가 주님의 거룩한 은혜를 받을 자격이 있다고 여기실 때 제물로 드린 수송아지 같은 내 마음의 찬양을 드리겠습니다. 시편 기자는 "그 때에 그들이 수소를 주의 제단에 드리리이다"(시 51:19)라고 말합니다. 아멘.

## 담론10

지성의 기도, 마음의 기도, 깨어서 바치는 기도의 실천 방법

사랑하는 자여, 내면 깊은 곳에서 지성으로 기도하려 할 때, 마음의 기도가 매미 소리를 닮아야 합니다. 매미는 두 가지 방식으로 웁니다. 처음에는 5~10차례 부드럽게 울다가 마칠 때는 더 분명하고 오래 끌고 선율적으로 웁니다.

사랑하는 자여, 마음에서 지성으로 기도할 때 이렇게 기도하십시오: 처음에 호흡에 맞추어 열 번 정도 마음으로 강력하게, 그리고 내면 깊은 곳에서 지성으로 분명하게 "주 예수 그리스도 하나님의 아들이시여, 나를 불쌍히 여기소서"라고 하십시오. 마음 깊은 곳에서 각 단어를 묵상할 수 있도록 매번 잠시 호흡을 가다듬으십시오. 이런 식으로 내면에서 기도 말을 묵상하는 곳이 뜨거워질 때까지 열 번 정도 반복한 후, 매미가 한층 더 분명하고 선율적인 소리로 울음을 끝내는 것처럼 더 긴장하고 힘차고 강력한 마음으로 기도하십시오.

이러한 "지성의 기도"를 상황에 따라서 "마음의 기도", 혹은 "깨어 지켜보는 기도"(watchful prayer)라고도 합니다. 지성으로 기도하고 내면의 음성을 사용하여 고요히 신비스럽게 내면에서 기도를 되풀이하는 것을 "지성의 기도"라고 합니다. 마음 깊은 곳에서 긴장하면서 내면의 소리로 기도하는 것을 "마음의 기도"라고 합니다. 이 기도로 인하여, 혹은 하나님의 무한한 선으로 인하여 성령의 은혜가 영혼에 임하여 마음을 어루만지거나 거룩한 환상이 임하여 정신의 시선을 집중하여 지켜볼 때 "깨어 지켜보는 기도"라고 부릅니다.

경건하게 지성의 기도를 반복하며 성령의 은혜가 영혼에 임할 때, 지성으로 묵상하고 있는 그리스도의 이름이 정신과 영혼을 달콤하게 하고 위로하므로 이 기도를 반복하지 않을 수 없습니다.

마음의 기도를 드릴 때 하나님의 은혜가 마음을 만져 가책을 느끼게 하면 예수의 이름과 성경 전체가 마음에 형언할 수 없이 달게 느껴지며, 마음속에 있는 모든 영적인 개념이 거룩한 가책이라는 강이 되어 마음을 달콤하게 하고, 창조주 하나님을 향한 사랑 안에서 뜨겁게 합니다.

때때로 약해진 마음의 아픔과 비천해진 영혼의 슬픔을 느끼면서 마음의 기도를 실천할 때 영혼은 분명하게 주님의 위로와 방문을 느낍니다. 시편 기자가 "여호와는 마음이 상한 자를 가까이 하시고"(시 34:18)라고 말한 것이 이것입니다. 기도로 마음이 상할 때 주님은 당신에게 신비한 계시를 보여 주려고 보이지 않게 다가오십니다. 마음의 영적인 일에 더 열심을 내게 하려고 주님은 환상을 보여주십니다.

　사랑하는 자여, 그리스도의 은혜로 영혼이 환상을 보며 기도 때문에 가책이 가득하게 될 때, 지성의 기도가 하나님의 은혜임을 이해합니다. 이때 정신은 지적인 거룩한 환상을 보며, 지성은 그것에 시선을 고정하며, 영혼은 그것을 지켜봅니다. 또 마음에서 영원히 흐르는 샘에서처럼 가책이 끊임없이 흘러나오므로 성령의 은혜가 영혼을 찾아와서 부드럽게 마음을 어루만지고 형언할 수 없이 정신을 달콤하게 해주고 있음을 이해하게 됩니다. 이때 정신은 형언할 수 없는 달콤함을, 그리고 영혼은 큰 위로를 경험합니다. 그 순간에 영혼은 영적으로 담대해져서 자신의 조성자요 창조자이신 하나님께 "당신의 나라에 임하실 때에 나를 기억하소서"(눅 23:42)라고 간청합니다.

　영혼의 내면에서 이루어지는 이 거룩하고 순수한 간청은 힘이 있어서 하늘을 관통하여 거룩한 삼위일체의 보좌에 이릅니다. 그것은 냄새 좋은 향처럼 그 앞에 섭니다. 시편 기자는 이 기도에 대해서 "나의 기도가 주의 앞에 분향함과 같이 되게 하소서"(시 141:2)라고 말했습니다. 삼위 하나님은 경이로운 방식으로 이 간청을 받으시고 성령의 열매를 주십니다. 이 열매는 장래에 들어갈 하나님의 나라와 양자가 된다는 것에 대한 보증으로 하나님이 주시는 귀한 선물입니다. 그 간구로 인하여, 즉 깨끗한 기도 덕분에 거룩한 성령의 열매를 받는 영혼은 거룩한 사랑, 영적인 기쁨, 마음의 평화, 세상의 환난과 시험을 당할 때의 인내, 모든 일에 선하고 탁월함, 흔들리지 않는 믿음, 그리스도의 온유, 정념을 죽이는 절제 등을 획득합니다. 이 모든 것을 성령의 열매(갈 5:22)라고 부릅니다. 우리 하나님께 세세토록 영광과 능력이 있을지어다. 아멘.

## 담론 11

지성의 기도로 정념과 정념의 소굴이 변화함에 관하여

지성의 기도가 마음을 뚫고 들어가서 그 안에 뿌리내리기를 원한다면, 끊임없이 금식하십시오. 기름지고 맛있는 음식을 삼가십시오. 뱀처럼 지혜롭고 신중하게 이 세상의 모든 것을 멸시하고 주님의 말씀처럼(마 18:35) 당신을 괴롭히는 사람을 진심으로 용서하십시오. 스캔들을 일으키지 않도록 조심하십시오. "교만하여 저주를 받으며 주의 계명에서 떠나는 자들을 주께서 꾸짖으셨나이다"(시 119:21)라는 말씀처럼, 자기 자신을 칭찬하지 말고, 항상 자기를 아무짝에도 쓸모없는 사람, 간음자, 더러운 자, 저주받은 자로 여기며 비판하고 질책하십시오. 이런 식으로 행하고, 자신을 세상에서 멸시받아야 할 자요 종이라고 간주하고서 곧 죽을 사람인 듯이 눈앞에 죽음을 놓고 직시하십시오. 그리고 아주 강력하고 힘차게 "주 예수 그리스도, 하나님의 아들이시여, 나를 불쌍히 여기소서"라고 기도하면서 그리스도의 이름으로 마음을 압박하기 시작하십시오.

기도로 마음을 짓누르기로 한순간에 악한 자의 교활한 말에 귀를 기울이지 마십시오. 교활하고 악한 일에 능숙한 악한 자는 지속적인 지성의 기도를 획득하는 사람의 영혼이 맺을 열매를 알고 있습니다. 악하게 책략을 꾸미는 추하고 비틀린 절름발이 마귀는 기도를 방해하고 혼란을 주기 위해 가능한 온갖 일을 행합니다. 악하고 독하고 공정하지 않은 마귀는 기도의 힘을 방해하려고 무수한 핑계, 두려움, 생각 등을 제시합니다.

사랑하는 자여, 금보다 그리스도를, 몸보다 영혼을 더 사랑한다면 마귀의 말에 귀를 기울이지 마십시오. 우리 주 예수 그리스도께서 마음에 들어와 거하실 때까지 강력하게 기도하십시오. 그리스도께서 마음에 들어와 거하시게 되면, 몸과 영혼의 모든 질병과 약함을 고쳐주실 것입니다. 주님은 "내가 가서 고쳐 주리라"(마 8:7)라고 말씀하십니다. 강력하게 기도하면서 가장 훌륭한 의사이신 그리스도에게 오셔서 영혼의 치료하기 어려운 정념들을 고쳐 달라고 외치며 부탁하십시오. 그리스도만이 그것들을 고칠 수 있습니다.

그리스도께서 보이지 않게 마음에 오셔서 귀신들을 몰아내신다는 것을 어디에서 알았습니까? 다시 말해서 그리스도께서 막달라 마리아의 마음을 모든 정념에서 벗어나게 해주시면서 많은 귀신을 몰아내셨듯이 당신의 마음을 정념으로부터 해방해 주신다는 것을 어떻게 알았습니까? 그것은 다음과 같은 방식으로 분명히 알려집니다:

마음이 구주 예수님이 가까이 오시는 것을 신비하게 보는 즉시 모든 악하고 좋지 않은 생각들이 사라집니다. 아침이 되어 해가 뜨면 밤의 어둠이 사라지는 것처럼, 온유하신 예수님이 가까이 오시면 저주받은 자만심이 도망쳐 사라집니다.[1] 악하고 무자비한 폭군들이 마음에서 사라질 때 온유한 왕이신 우리 주 예수 그리스도께서 그곳에 와서 다스리시며, 마음의 참 교사와 인도자가 되십니다. 마음은 교사이신 예수의 참 추종자요 제자가 됩니다. "나는 마음이 온유하고 겸손하니 나의 멍에를 메고 내게 배우라 그리하면 너희 마음이 쉼을 얻으리니"(마 11:29)라는 말씀처럼, 마음은 그분의 가르침을 받아 온유하고 겸손하고 지혜롭고 긍휼하게 됩니

---

1) 어둠은 빛을 이기지 못한다. 빛이 존재하는 순간 어둠은 사라진다. 이처럼 피조되지 않은 참 빛으로 이 세상에 오신 주님을 영접하는 순간 우리의 내면에 있는 어둠은 사라진다: "만물이 그로 말미암아 지은 바 되었으니 지은 것이 하나도 그가 없이는 된 것이 없느니라 그 안에 생명이 있었으니 이 생명은 사람들의 빛이라"(요 1:3-4).

다.

마음에 우리 주 예수 그리스도의 평화로운 이름이 섞이지 않으면 영적인 쉼과 평화를 얻을 수 없습니다.

성경은 "선한 사람은 그 쌓은 선에서 선한 것을 내고 악한 사람은 그 쌓은 악에서 악한 것을 내느니라"(마 12:35)라고 말합니다. 사람의 마음은 보물상자와 같습니다. "마음에 가득한 것을 입으로 말함이라"(마 12:34)는 말씀처럼, 마음이 깨끗하고 신중하고 정직하고 선하고 거룩한 사람은 선하고 거룩한 말을 할 것입니다. 마음이 부패하고 악한 사람은 부패하고 악한 말을 할 것입니다. 그러므로 "마음에 가득한 것을 입으로 말함이라"라고 성경에 기록되었습니다.

그러므로 거룩하고 영적인 말을 하려면 먼저 마음에 거룩하고 영적인 관심과 생각으로 채워야 하며, 그런 다음에 보물상자에서 꺼내듯이 그곳에서 거룩하고 영적인 말을 꺼내야 합니다.[2] 마음

---

2) 마음은 어떤 대상이 나타날 때 비로소 작동한다. 다시 말해서 어떤 대상이 없으면 마음이 일어나지 않는다. 그 대상이 인간의 오관을 통해서 내면으로 들어와 자리를 잡는데, 이것을 "기억에 담는다"(memorize)라고 한다. 그런데 기억에 담기 전에 그 대상을 해석하고 정리한다. 이때 중요하게 작용하는 것은 선입견이다. 선입견이란 이미 전에 체험을 통

에 악이 가득하다면, 먼저 마음에서 그것을 제거해야 합니다. 성경에는 "너희는 스스로 씻으며 스스로 깨끗하게 하여 내 목전에서 너희 악한 행실을 버리며 행악을 그치고"(사 1:16)라고 기록되어 있습니다. 그다음에 그곳에 귀한 진주를 보관하듯이 선을 보관하십시오. 이렇게 하면서 밭에서 제멋대로 자란 나무와 가시덩굴을 제거한 후에 좋은 씨를 뿌리는 사람을 본받아야 합니다.

마음에 좋은 보물을 저장하려는 사람은 열매 맺을 좋은 씨를 마음에 뿌려야 합니다. 좋은 보물은 무엇이며, 시냇가에 심은 나무

---

해서 기억에 담겨 있는 것이다. 필로칼리아에서 고행자 마가는 이 선입견(πρόληφις, prepossession)을 "기억 안에 무의식 상태로 존재하는 과거의 죄"라고 정의했다.

이 선입관 또는 편견의 상태는 어떤 대상을 만날 때 최초에 기억에 담겨 있는 것을 기억해냄(recall)으로써 현재 만나는 것을 해석하는데 매우 영향을 끼친다. 이 선입견은 인간을 특별한 유혹에 쉽게 굴복하게 하는데, 되풀이된(습관이 된) 죄악 된 행동의 결과이다. 우리는 자유의지를 보유하며 마귀의 도발을 거부할 수 있지만, 실제로는 습관의 힘이 점점 더 강해져서 그것을 거부하기 어렵게 한다. 그러나 하나님의 은혜로 지성으로 바치는 기도는 삿된 기억을 선한 것으로 대체(代替)하는 기능을 한다.

본문에서 "보물상자"에 담겨 있는 것은 원죄로 인해 사악(邪惡)하게 형성된 기억이 다시 전도(顚倒)된 "하나님, 선한 하나님의 말씀, 언어, 기억, 가치관" 등을 말한다.

처럼 때가 되면 열매를 맺는 좋은 나무는 무엇입니까? 그것은 하나님의 이름입니다. 수덕생활과 꾸준한 금식을 통하여 몸을 연단하면 지성의 기도가 그 사람의 마음에 주님의 이름이라는 귀한 보물을 심어 뿌리 내리게 합니다. 그리스도의 이름이 저장될 때 마음은 그리스도와 그의 은혜로 옷 입습니다. 마음에 그리스도의 이름이 그려지고, 그리스도의 은혜가 마음과 연합합니다. 그러므로 마음이 그리스도 안에 있고, 그리스도가 마음 안에 계십니다. 그리스도가 마음을 삼키며, 그리스도가 삼킨 마음이 그리스도를 삼킵니다. 그리스도의 이름은 수천 번 불로 정련한 순은(純銀)과 같습니다. 그러므로 마음도 그리스도의 이름처럼 순수해집니다. 그리스도의 이름은 빛이며, 그렇기 때문에 마음이 빛이 됩니다.

그리스도의 이름을 찬양하고 찬미하고 묵상하는 사람의 마음에 보이지 않게 그리스도가 거하십니다. 그리스도가 거하시는 곳에 아버지가 거하십니다(요 14:23). 아버지와 아들이 거하시는 곳에 성령도 거하십니다. 왜냐하면 성 삼위는 나뉘지 않으며 한 본질이기 때문입니다. 성령이 거하시고 쉬는 곳에서 생수의 강, 즉 영적 개념과 거룩한 지혜의 급류가 흘러나옵니다. "내 마음이 좋은 말로 왕을 위하여 지은 것을 말하리니"(시 45:1)라는 말씀처럼, 보이지 않는 전지하신 하나님의 거처가 된 마음은 교훈적이고 유익하고 지혜롭고 거룩하고 선한 말을 쏟아냅니다. 그때 마음이 낳은 거룩한 개념을 입이 쏟아냅니다: "내 혀는 글솜씨가 뛰어난 서기관의 붓끝과 같도다"(시 45:1).

사랑하는 자여, 몸에 고름이 가득하듯이 마음에 악한 생각과 개념이 가득할 때, 무자비한 지적 도둑의 공격을 받음으로써 상처 입은 마음에서 더러워진 피와 고름을 뽑고 제거하여 깨끗하게 하려면 부항단지를 사용해야 합니다. 여기서 말하는 부항단지는 의사가 환자의 피부에 사용하는 것이 아니라 영혼의 의사, 즉 마음의 지적 기도를 실천하는 사람이 마음의 내적 생각에 사용하는 것입니다. 마음에 악한 생각과 영혼을 죽이는 환상이 가득하여 짓누를 때 마음을 치료하고 편안하게 하려면 가슴에 부항단지처럼 마음의 기도를 적용해야 합니다. 부항단지를 상처 부위에 단단히 고정하여 더러워진 피를 빨아내듯이, 마음의 기도를 내면의 가슴에 단단히 고정하고 방탕하고 악한 생각을 제거하고 깨끗이 해야 합니다. 이것을 다음과 같이 실천할 수 있습니다:

등받이가 없는 의자에 앉거나 서되 고개를 약간 가슴 쪽으로 숙이십시오. 그다음에 마음 깊은 곳에서 기도로 가슴 가운데 부분을 잡아당기면서 기도를 시작하십시오. 기도가 마음을 잡아당길 때 되도록 숨을 억제하고 가슴에 집중하십시오. 이렇게 하면 가슴 안쪽에 부항단지를 붙인 것처럼 가슴 바깥쪽이 움푹해질 것입니다. 왜냐하면 가슴에서 육적인 욕망의 은밀한 즐거움을 제거하고 그

자리에 영적 갈망의 즐거움을 두기 위해서 그리스도의 이름이라는 지적인 부항단지를 단단히 고정하고 있기 때문입니다.

사람의 악한 욕망은 노련한 전사처럼 인간의 모든 면을 공격하기 위해서 가슴에 둥지를 틀고 있습니다. 위에 말한 방식으로 기도하면 햇볕에 안개가 사라지듯이 육욕적인 욕망이 사라집니다. 사탄의 쾌락이 사라지면, 영적 갈망이 나타나 자리를 차지합니다. 만일 그곳에서 사탄을 몰아내지 못하거나 그의 더러운 보좌, 즉 역겹고 음탕한 생각을 제거하지 못한다면, 하나님의 깨끗한 은혜가 그곳에 와서 거룩하고 영적인 개념의 밝은 보좌를 설치할 수 없을 것입니다. 왕의 도시를 반역자들과 원수들이 점령하고 있다고 가정해 보십시오. 먼저 원수들을 몰아내고 죽이지 않으면 왕이 보좌를 차지하고 명령을 내릴 수 없을 것입니다.

또 청소하지 않아 거미줄이 가득하고 더러운 구더기와 전갈의 소굴이 된 집을 생각해 보십시오. 먼저 쓰레기와 구더기를 제거하여야 밝고 귀한 왕복을 입은 왕이 그 집에 들어가 누울 수 있을 것입니다. 더러운 마음에도 이것이 적용됩니다. 깨끗하게 하시는 그리스도의 이름으로 마음을 청소하면, 그 후에 교회의 신랑이신 우리 주 예수 그리스도께서 그곳에 들어오실 수 있습니다. 우리 주 예수 그리스도께 세세토록 영광과 권능이 있을지어다. 아멘.

# 담론 12

## 지성의 기도와 사랑에 관하여

당신은 세상과 세상에 속한 것을 버리고 은혜가 가득하고 거룩한 지식을 취했습니다! 영혼이 복되고 거룩한 위로를 받는 은혜를 누리려면, 마음속에 지성의 기도 묵상을 획득하기로 결심하고 노력하십시오. 마음에 우리 주 예수 그리스도의 복된 위로의 이름을 새기려고 노력하십시오. 그렇게 하면 천사들이 당신을 존경하고 사랑할 것입니다. 이는 천사들이 그리스도의 이름을 공경하고 찬양하기 때문입니다. 그들은 그 이름이 기록된 곳을 공경하고 찬양할 것입니다.

그리스도의 이름이라는 기도를 마음에 기록한다면, 천사들이 기도의 친구로서 당신을 공경하고 존경하며, 평생 떨어지지 않는 친구가 될 것입니다. 길을 갈 때 천사들이 보이지 않게 동행할 것입니다. 그들은 밤에 두려움에서 보호해줄 것이며, 낮에 날아오는 화살로부터 보호해줄 것입니다. 그들은 의무를 행할 때 도와주고 힘을 줄 것입니다. 질문을 받을 때 그들이 당신을 깨우쳐 지혜롭게 말하게 해줄 것입니다. 기도하는 동안 그들은 당신과 함께 서서 기도하면서 당신을 위해 지존자에게 호소할 것입니다. 위험에 처해 있을 때 위로할 것이며, 예기치 않게 구해줄 것입니다. 당신은 그들을 보지 못하겠지만, 그들의 도움을 느껴 알 것입니다. 그러나 때로 영혼의 능력과 깨끗한 마음으로 그들을 분명히 볼 수 있습니다.

이처럼 복된 친구이며 능력 있는 수호자를 얻는다면, 영혼 안에 기쁨이 있을 것입니다. 하나님께서 당신의 영혼을 지키기 위해 이 천사들을 배정하여 주십니다. 그들은 영혼을 흠이 없는 순결한 신부로서 신랑이신 그리스도께 드리려 합니다. 육욕적인 욕망과 헛된 염려를 버리고, 기도하고 하나님 기억하는 일에 몰두하였으므로 하나님께서 기억하시고 당신을 하나님의 것이라고 주장하시며, 당신의 이름을 하나님의 기억이라는 지워지지 않는 책에 기록하십니다.

주님이 "너희 이름이 하늘에 기록된 것으로 기뻐하라"(눅 10:20)고 말씀하셨으니, 기뻐하고 즐거워하십시오. 쉬지 않고 드리는 기도를 통해서 마음의 책에 주님의 거룩한 이름이 기록된 것과 같은 방식으로 당신의 이름이 생명책에 기록되었으므로, 하나님께서 당신을 눈동자처럼 돌보시고, 당신의 영혼에 관심을 두시고, 모든 죄, 즉 "밤에 찾아오는 공포와 낮에 날아드는 화살"(시 91:5)에서 보호하십니다. 이는 내면 깊은 곳에 하나님 사랑과 기억을 보존하고 있기 때문입니다. 어느 교부는 이에 대해 이같이 말했습니다:

"어느 형제가 엑스터시 상태에서 큰 교회를 보았습니다. 교회 중앙에 의식을 행할 때 제의를 입은 높은 성직자가 있었습니다. 그 제의가 매우 찬란하고 아름다워서 성직자의 위엄과 아름다움을 말로 표현하기 어려웠습니다. 그의 주위를 눈부시게 밝은 사람들이 둘러싸고 있었는데, 그중에 보제로 보이는 사람들이 향로를 들고 그 복되고 거룩한 성직자에게 분향하고 있었습니다. 또 사제로 보이는 사람들이 그분 주위에 서 있었습니다.

그들의 얼굴뿐만 아니라 입고 있는 사제복도 덕망 있고 빛나서 보기에도 경이로웠습니다. 어떤 사람은 눈처럼 희고 빛처럼 깨끗했습니다. 그들은 매우 순결해서 그들처럼 가볍고 섬세한 것을 세상에서 발견하여 공중에 날린다면 즉시 바람에 날려 하늘 높이 올라가서 다시는 땅에 내려오지 않을 것입니다. 어떤 사람의 제의는 세상의 말로 표현할 수 없고 정신으로 이해할 수 없었습니다.

또 어떤 사람은 번개처럼 번뜩이는 제의를 입고 있었습니다. 어떤 사람들은 성직자의 오른편에 서고, 어떤 사람들은 왼편에 경건하게 서 있었습니다. 해의 광채가 다른 모든 천체의 광채를 능가하듯이, 복된 성직자의 위엄과 밝음과 은혜가 다른 사람들보다 비교할 수 없이 컸습니다. 경이롭고 불가해한 성직자는 똑바로 서서 동편을 바라보고 있었습니다. 그는 크고 분명한 음성으로 약간 빠르게 부드러운 멜로디로 찬송하고 있었습니다. 형제는 이 불가해한 일을 보면서 놀랐고, 부드러운 음성과 즐거운 멜로디를 들으면서 경이로움을 느꼈습니다.

이러한 경이 때문에 그는 집중하려고 노력했지만, 자신이 들은 모든 것을 한 단어도 기억하지 못했고, 그 거룩한 성직자가 찬미한 내용을 기억하지 못했습니다. 그는 그 복된 환상이 사라지리라는 것, 그리고 그 말이 세상에서 자신에게 유익하리라는 것을 알았습니다. 결국 그는 자신이 들은 것을 망각했고, 오직 그 성직자가 마지막에 큰 소리로 "사람이 하나님을 기억하고 사랑하는 만큼 하나님도 그를 기억하고 사랑하신다"라고 말한 것만 기억했습니다. 정신을 차린 형제는 "길에서 우리에게 말씀하시고 우리에게 성경을 풀어 주실 때에 우리 속에서 마음이 뜨겁지 아니하더냐"(눅 24:32)라고 기록된 것처럼 그 순간 마음속에서 횃불처럼 마음을 태우는 불을 느꼈다고 말했습니다. 주님께 세세토록 영광과 능력이 있을지어다. 아멘.

## 담론13

지성의 기도와 하나님의 위로

영혼이 하나님 앞에서 어떻게 은혜와 담대함을 지닐 수 있는지에 대해 비유로 이야기하겠습니다. 어느 용감한 사람이 왕을 사랑하여 위험에 빠진 왕의 영광을 위해 용감하게 싸웠다면, 왕이 그에게 큰 상을 주지 않겠습니까? 왕은 그에게 훈장과 권위를 하사할 것입니다. 그 사람이 왕을 위해 매 순간 죽음을 무릅쓰고 왕을 사랑하며 어떤 어려움과 불행도 감수한다면, 왕이 그의 선한 성향과 담대한 본성을 보고 한층 더 큰 영광과 권위를 부여하지 않겠습니까? 왕은 그에게 더 큰 영광을 줄 것이며, 그는 전쟁터에서 왕을 위해 더욱 용감하게 싸울 것입니다. 그가 그러한 영광을 받을 자격이 있음을 입증하고 전쟁이나 위험한 상황에서 더 충성함으로써 왕에 대한 더 큰 사랑을 표현한다면, 왕은 그를 한층 더 높은 직위에 임명하고 영예를 수여하며, 그를 굽실대는 부하가 아닌 사랑하는 형제로 대할 것입니다.

그러나 그 사람이 처음 용맹하게 싸워 승리했을 때 왕이 그에게 최고의 영예를 수여하지 않습니다. 왕은 그의 업적에 따라서 단계로 권위에서 권위로, 은혜에서 은혜로, 영광에서 영광으로 올려주어 마침내 최고의 영예에 이르게 하고, 왕과 함께 나라를 다스리는 동반자가 되게 합니다. 왕이 사려 깊고 지혜롭게 이 일을 행하기 때문에 친구는 아무리 높은 지위에 올라도 항상 자신이 얼마나 많은 시련과 위험에 직면했었는지를 기억하므로 자신의 직무에 맞게 생활하려 하며, 언제나 왕을 존경하고 복종하려 합니다. 만일 왕이 단번에 그에게 최고의 영예를 주었다면, 그는 교만해져서 자신의 직무에 충실하지 않을 것이며, 그로 인해서 모든 영예를 잃을 것입니다.

거룩하고 지혜로운 왕이신 우리 주 예수 그리스도도 이렇게 행하십니다. 주님은 성실하게 주님을 사랑하며 주님의 선한 멍에와 가벼운 짐을 기꺼이 지는 사람에게 거룩한 은사를 풍성히 주십니다. 주님은 그러한 사람에게 그 마음의 깨끗함에 따라 다양한 환상과 신비를 계시해 주시며, 그의 노력과 수덕(修德)의 분량에 따라 때로는 많이 때로는 적게 주님의 거룩한 영광을 계시해 주십니다. 겸손한 자에게 은혜를 베푸신다는 말씀처럼(잠 3:34; 약 4;6; 벧전 5:5), 그가 주님의 거룩한 계명을 완전하게 지키며 마음이 매우 겸손하므로 주님의 선한 영이 그 안에서 쉬며 은혜를 주십니다.

영광의 주님은 겸손을 사랑하시므로 세상에 계실 때 자기 육체를 신성의 영광으로 덮지 않으셨습니다. 주님은 매우 겸손하셔서 자신의 육체로 신성을 덮으셨습니다.

불가해하고, 보이지 않고, 끝이 없고, 시작이 없고, 영원하고 지극히 지혜로우신 하나님이 하늘, 별, 천사, 대천사, 땅, 바다, 짐승, 파충류, 새 등 온갖 보이는 것과 보이지 않는 것을 지으셨습니다. 어떻게 그런 하나님이 신성 위에 인간의 육신을 입고 종처럼 자신이 지은 피조물을 섬길 수 있겠습니까? 주님은 "인자가 온 것은 섬김을 받으려 함이 아니라 도리어 섬기려 하고 자기 목숨을 많은 사람의 대속물로 주려 함이니라"(마 20:28; 막 10:45)라고 말씀하셨습니다.

그러므로 그리스도는 겸손과 단순함을 본받는 사람을 사랑하십니다. 그런 사람을 사랑하실 뿐만 아니라, 그의 겸손과 단순함으로 인하여 기뻐하고 즐거워하며 그를 받아주십니다. 그렇기 때문에 복음서 기자는 "그 때에 예수께서 성령으로 기뻐하시며 이르시되 천지의 주재이신 아버지여 이것을 지혜롭고 슬기 있는 자들에게는 숨기시고 어린 아이들에게는 나타내심을 감사하나이다"(눅 10:21)라고 말합니다. 그때 그리스도는 그 사람에게 여러 광경과 거룩한 환상을 계시해 주시며, 환난과 시험을 당할 때 은혜로 위로해 주십니다. 주님은 그가 그리스도를 사랑하기 때문에 용감하게 노력하며 수덕생활을 하는 것을 보실 때 한층 더 큰 은혜로 그를 위로하십니다. 수덕생활로 인해 몸은 매우 고달프지만, 이처럼 어렵고 힘든 시기에 갑자기 은혜가 임하며, 환난을 당할 때 위로해 주십니다. 이러한 위로는 다음과 같이 임합니다:

왕과 친구처럼 지내는 왕족이 있다고 가정해 보십시오. 그는 왕의 적들과 싸우면서 성을 보호하고 있습니다. 만일 그가 힘든 전쟁 때문에 낙심하고 있을 때 왕에게서 그를 위로하고 격려하는 약속의 편지를 받는다면, 전쟁에서 승리하면 왕에게서 받을 영예에 대한 희망을 품고 더욱 담대하게 싸우러 나갈 것입니다. 하늘나라를 위하여 시련과 어려움을 겪는 사람의 경우도 이와 같습니다. 그가 시련을 당하는 동안 주님이 그에게 거룩한 환상을 보여주신다면, 그는 큰 위로를 받고 수덕생활에 더 열심을 낼 것입니다. 주님이 신실한 종의 영혼의 지적인 눈을 열어주시는 순간, 그리고 하늘 아버지께서 종에게 보여 주시려는 것을 보는 순간 그의 마음은 말할 수 없이 기뻐 뛸 것이며, 그의 육체가 즐거워할 것입니다. 이런 까닭에 시편 기자는 "내 마음과 육체가 살아 계시는 하나님께 부르짖나이다"(시 84:2)라고 말합니다. 그가 보이지 않는 것을 볼 때, 마치 그가 육체가 없는 존재인 듯이 그의 육체가 본성적인 무거움을 잃고 가벼워지는 것 같아서 마음과 육체가 즐거워합니다. 그러므로 그는 기뻐하고 즐거워하며, 그리스도의 기이하고 불가해한 성육신의 경륜 앞에서 세상이 신비하고 경이롭게 춤을 춘 것처럼 그는 신비하고 경이롭게 춤추는 듯합니다. 이런 까닭에 시편 기자는 "산들은 숫양들 같이 뛰놀며 작은 산들은 어린 양들 같이 뛰었도다"(시 114:4)라고 말했습니다.

그리스도의 종은 전례를 집례하는 대주교로서든지 영광스러운 왕으로서든지 사랑하는 친구로서 그리스도를 보는 순간부터 자신이 영광의 주를 볼 자격을 갖추게 된 방법과 수단을 매우 사랑합니다. 그가 그리스도 앞에 나타나 그리스도를 보게 된 것은 시온, 즉 마음 안에서 통회하는 영으로 그리스도께 드린 기도 때문이었습니다. 시편 기자는 "그들은 힘을 얻고 더 얻어 나아가 시온에서 하나님 앞에 각기 나타나리이다"(시 84:7)라고 했습니다. 그리스도가 나타나시며 종의 마음이 신비하게 그분을 보는 순간부터 마음에 하나님 사랑의 불이 붙고, 자발적으로 마음에 가책이 임합니다. 신적 계시를 보는 사람은 불 가까이에 있는 밀랍이 녹듯이 억제할 수 없이 뜨거운 눈물을 흘립니다. 거룩한 환상을 본 후 마음은 부드러워지고 하나님의 계명에 전심으로 매달립니다. 그는 하나님의 은혜로 말미암아 덕을 쉽게 실천합니다. 왜냐하면 모든 선한 일에 힘을 주시는 그리스도가 계시기 때문입니다. 바울은 "내게 능력 주시는 자 안에서 내가 모든 것을 할 수 있느니라"(빌 4:13), "이제는 내가 사는 것이 아니요 오직 내 안에 그리스도께서 사시는 것이라"(갈 2:20)라고 말했습니다.

거룩한 환상을 보는 사람의 열심과 능력에 대해 들어보십시오. 아시리아의 마지막 왕 사르다나팔루스처럼 온세상을 다스리며 온갖 육체적 쾌락을 즐기고, 알렉산더 대왕처럼 모든 백성의 칭송 받기를 원한 왕이 있었습니다. 만일 이 왕이 한순간이라도 하나님의 영광을 아주 조금이라도 본다면, 조금도 주저하지 않고 왕국과 세상의 영광과 육체적 욕망의 즐거움과 쾌락을 버릴 것입니다. 그는 이 세상에서 보지 못하는 거룩하고 영원한 것을 내세에 누리기 위해서 거칠고 낡은 옷을 입고 야생 식물의 열매를 먹으면서, 바울이 말한 것처럼 "광야와 산과 동굴과 토굴"(히 11:38)에 유리하며 세상을 돌아다닐 것입니다. 거룩한 환상에는 그것을 보는 사람을 이 세상에 속한 것이나 육체의 쾌락과 즐거움에 관여하지 않게 할 뿐만 아니라 하나님의 일에 게으르고 무관심해질 때 열심을 내도록 자극하고 격려하는 속성이 있습니다.

어떤 사람이 사탄과의 관계를 포기하고 세상을 버리고 수도사가 되었다고 가정해 보십시오. 그는 처음에는 마음을 다해 열정적으로 그리스도를 섬깁니다. 그러나 악한 자의 공격과 유혹과 시련이 닥칠 때 그는 마음이 약해지고 두려움을 느낍니다. 그는 마음의 열심을 잃고 낙심이라는 바다에 빠질 것입니다. 베드로는 바다 위로 걸어오시는 그리스도를 보았을 때 처음에는 그분께 가기를 열망했기에 바다에 뛰어들어 마치 마른 땅 위를 걷듯이 물 위를 걸었지만, 곧 믿음이 약해져서 두려움을 느꼈고 "오라"라고 하신 그리스도의 말씀을 잊고 바다에 빠지기 시작했습니다. 그러나 곧 그는 "주여 나를 구원하소서"라고 소리 질렀고, 예수께서 즉시 손을 내밀어 그를 구해주셨습니다(마 14:22-33).

영적으로 노력하여 그리스도께 가는 사람이라면 누구에게나 이런 일이 일어납니다.

사람이 시험이나 시련을 당하여(이것은 인내를 증명하기 위해서 경험해야 합니다) 하나님의 말씀과 위로를 잊고 믿음을 잃으며 수덕생활을 향한 최초의 열심과 열정이 감소하기 시작할 때 베드로처럼 그리스도께 소리친다면, 그리스도의 은혜가 그에게 미쳐 이상하게도 신적인 환상으로 힘을 줄 것이며, 영혼의 열심과 열정이 새로워질 것입니다. 이런 까닭에 시편 기자는 "네 청춘을 독수리같이 새롭게 하시는도다"(시 103:5)라고 말합니다. 독수리는 늙으면 약해져서 날개 깃털이 빠진다고 합니다. 그러나 하나님이 명령하시면 이상하게 새 날개 깃털이 솟아나고, 늙은 독수리가 새로워집니다. 수덕생활을 통해서 자신을 괴롭히며 이 세상 통치자의 공격과 시험에 시달리는 사람의 영혼에도 같은 일이 일어납니다. 만일 이 사람이 큰 시련을 당하는 동안 거룩한 환상을 보고 신적 방문을 받는다면, "오직 한 일 즉 뒤에 있는 것은 잊어버리고 앞에 있는 것을 잡으려고"(빌 3:13)라는 바울의 말처럼 그는 과거의 어려움과 시험을 잊을 뿐만 아니라 이전의 노력에 새로운 노력을 더할 것입니다. 어떤 사람은 "민족들아 힘을 새롭게 하라"(사 41:1)고 말합니다. 기뻐하며 담대하게 시험과 환란과 어려움을 견디는 사람은 신적인 방문을 받으며, 그럼으로써 다가오는 화라과 공격과 시험을 더 진지하게 대하게 됩니다. 어느 교부는 환난과 시험에 관해 다음과 같이 말했습니다:

"어느 형제가 누군가의 시달림을 받고 있었지만, 주님을 위해 말없이 그 시험을 참고 견뎠습니다. 그러나 그는 육신을 가진 인간이었기에 서서히 슬픔과 여러 가지 생각에 시달리기 시작했습니다. 그래서 그는 몰래 은밀한 곳에 가서 슬퍼하면서 마음 깊은 곳에서 하나님께 기도했습니다. 그는 눈물로 땅을 적시면서 하나님께 인내와 관용심을 달라고 간구했습니다. 주님은 다음과 같은 방식으로 그를 위로하셨는데, 그 위로가 그를 더 참고 인내하게 했습니다. 그가 아픈 마음으로 기도하고 있을 때 부드럽고 달콤한 잠이 밀려왔습니다. 갑자기 그는 아름다운 초원 한복판에 있었습니다. 하늘보다 넓은 것 같은 초원에 하늘의 별이나 바다의 모래보다 더 많은 사람이 있었습니다. 신학자요 복음서 기자인 요한[1]이 계시록에서 한 말이 이것을 확인해줍니다: "내가 보니 각 나라와 족속과 백성과 방언에서 아무도 능히 셀 수 없는 큰 무리가 나와 흰옷을 입고 손에 종려 가지를 들고 보좌 앞과 어린 양 앞에 서서"(계 7:9).

"그 초원에서 흰옷을 입은 무수히 많은 사람은 한목소리로 크게 '누구든지 그리스도와 합하기 위하여 세례를 받은 자는 그리스도로 옷 입었느니라'(갈 3:27)라고 찬송했습니다. 큰 무리와 아름다운 멜로디에 놀란 형제는 그중 한 사람에게 그들이 찬란한 옷을 입고 그 구절을 찬송하고 있는 이유를 물었습니다. 그 사람은 '우리는 헛된 세상에 살 때 그리스도를 향한 사랑 때문에 환란과 시험의 강을 통과했는데, 그 때문에 옷이 밝고 희게 되었습니다. 그리스도의 품에 기댔던 신학자 요한이 우리에 대해서 "큰 환난에서 나오는 자들인데 어린 양의 피에 그 옷을 씻어 희게 하였느니라"(계

---

[1] 정교회 전통에서는 사도 요한을 신학자(Theologian)라고 부른다. 이후에 교회의 규정에 따라서 새로운 신학자를 세우는데, 이때 그를 신(新)신학자(New Theologian)라고 한다. 그러니까 "신학자" 앞에 아무런 수식어가 붙지 않고 그냥 "신학자"라고 하면 "사도 요한을 지칭"하는 것이다.

7:14)라고 한 말을 알지 못합니까? 우리가 세상에서 당한 큰 환난이 이제 우리에게 큰 기쁨과 자랑의 원인이 되었습니다. 왜냐하면 우리가 그리스도를 위하여 환란과 시험을 참고 견뎠기 때문입니다. 그래서 우리는 "누구든지 그리스도와 합하기 위하여 세례를 받은 자는 그리스도로 옷 입었느니라"라고 찬송합니다. 세상에서 신자는 세상의 기쁨 때문에 그리스도로 옷 입는 것이 아니라 환난 때문에 그리스도로 옷 입습니다. 그래서 주님은 "너희는 곡하고 애통하겠으나 세상은 기뻐하리라 너희는 근심하겠으나 너희 근심이 도리어 기쁨이 되리라"(요 16:20)라고 말씀하셨습니다. 그리스도 안에 소망과 용기를 둔 신자는 그리스도를 위해 어려움과 고난을 당할 때, 그리스도 때문에 수치와 멸시를 받을 때, 그리고 외면 당할 때 그리스도 안에서 소망을 품고 담대해야 합니다. 왜냐하면 그리스도께서 "나로 말미암아 너희를 욕하고 박해하고 거짓으로 너희를 거슬러 모든 악한 말을 할 때에는 너희에게 복이 있나니라"(마 5:11)라고 말씀하셨기 때문입니다. 그리스도를 위해 이러한 일을 참고 견디지 않는 사람은 그리스도로 옷 입지 않으며, 그리스도의 기쁨에 들어가지 못합니다.' 이 말을 들은 후에 형제는 정신이 들었고, 내세에서 그리스도의 보좌 주위에 서서 끊임없이 찬송하는 흰옷 입은 무리에 속하기 위해서 모든 환난과 시험과 싸움을 그리스도를 위해 더 열심히 참고 견뎠습니다."

사랑하는 자여, 이 세상에서 고난을 당하며 수덕생활을 하는 신자들의 큰 기쁨을 생각해 보십시오. 그들이 하늘에서 부르는 찬송이 그들이 누리는 측량할 수 없는 즐거움을 보여줄 것입니다. 우리는 그리스도의 축일에만 "누구든지 그리스도와 합하기 위하여 세례를 받은 자는 그리스도로 옷 입었느니라"라고 찬송합니다. 즉 이 세상에서 그리스도를 위하여 큰 환난과 시험을 당하며 산 사람들은 내세에서 그리스도와 함께 있을 것이며, 사랑하는 아들이 사랑하는 아버지와 교제하듯이 그분과 함께 교제하며 얼굴을 대면하여 볼 것입니다.

그때 그리스도가 그들의 위로와 기쁨이 될 것입니다. "지금 주린 자는 복이 있나니 너희가 배부름을 얻을 것임이요"(눅 6:21)라는 말씀처럼, 그들이 이 세상에서는 그리스도의 명령을 지키기 위해 스스로 굶주렸지만, 저세상에서는 굶주리지 않을 것입니다. 다윗이 "나는 의로운 중에 주의 얼굴을 뵈오리니 깰 때에 주의 형상으로 만족하리이다"(시 17:15)라고 말했듯이, 그들은 음식과 음료가 아닌 그리스도의 영광으로 만족할 것입니다. 그들은 세상에서 육신을 정복하기 위해 스스로 목말랐으므로, 내세에서는 목마르지 않을 것입니다. 그들은 세상에서 풀무 불 속의 금처럼 환난과 시험의 불에 시달림으로써 그리스도를 향한 참 사랑이 정련된 순은(純銀)보다 더 밝음을 나타냈으므로, 내세에서는 그러한 불에 시달리지 않을 것입니다. 양들의 선한 목자이신 그리스도께서 그의 나라에서 그들을 낙원의 항상 푸르고 향기로운 양우리로 인도하실 것인데, 즐거움의 강이 그곳으로 흘러 들어가며, 영생의 샘이 솟아날 것입니다. 사랑받은 요한은 계시록에서 다음과 같이 말합니다: "그들이 다시는 주리지도 아니하며 목마르지도 아니하고 해나 아무 뜨거운 기운에 상하지도 아니하리니 이는 보좌 가운데에 계신 어린 양이 그들의 목자가 되사 생명수 샘으로 인도하시고 하나님께서 그들의 눈에서 모든 눈물을 씻어 주실 것임이라"(계 7:16-17). 하나님께서 현세에서 우리 마음에 큰 환난을 주시고 우리 눈에 많은 눈물을 주셔서, 그의 나라에서 우리 눈에서 모든 눈물이 씻기고 우리 마음이 영원하고 참된 기쁨을 누리기를 기원합니다. 세세토록 영광과 능력을 받으실 우리 하나님 그리스도께서 우리를 이 기쁨을 누리기에 합당한 자로 여겨 주시기를 기원합니다. 아멘.

## 담론 14

지성의 기도와 영적 분별에 관하여


하나님의 은혜가 내려와 영혼 안에 머무는 순간에 깨끗하고 깨어 있는 정신은 그 은혜가 영혼 안에 들어와 정착했음을 압니다. 정신은 몸의 가장 높은 곳인 이마 중앙에 위치하고 사방을 둘러봅니다. 정신은 무엇이 영혼에 접근하면 즉시 알아차리고 지성에게 알려주어 그것이 하나님에서 오는 것인지 귀신들에게서 오는 것인지 가서 보게 합니다.[1]

---

1) 필자는 여기서 정신(mind)과 영혼(soul)을 나누어 설명하고 있다. 앞뒤 문맥을 짐작하면, 영혼은 감정(혹은, 情感)과 상관없는 존재의 중심이며, 정신은 기분에 영향을 받는다. 성경에 "마음의 생각"(눅 1:51)에서 "마음"이 여기서는 영혼이며, "생각"이 정신에 해당한다고 보아도 무리가 없을 것이다. 정교회 수도 전통에서 영혼은 심장(마음)이, 정신은

지성과 정신이 만나서 생각하는 것을 분별이라고 합니다. 지성과 정신은 자기들이 탐지하지 못한 생각과 공격이 영혼과 몸의 감각에 미친 다양한 결과를 정확하고 바르게 판단하고 조사하므로 이 분별은 참된 것입니다. "두 사람이 한 사람보다 나음은"(전 4:9)이라는 말씀처럼, 정신과 지성의 판단은 바르고 선합니다. 정신과 지성은 선하고 유익한 생각을 영혼 안에 방해받지 않고 자유롭게 들어가게 하지만, 속이는 악한 생각[2]을 거부하고 대적하여 싸웁니다.

정신이 건강할 때―즉 맛있는 것을 삼가고, 과식을 삼가고, 지나

---

두뇌(정신)가 담당하고 있다고 본다.
정신은 기분 좋은 것을 취하려 하고(執着), 불만스러운 것은 내친다(忿怒, 또는 敵意). 그리고 그 대상의 선(善)과 악에 따라서 결과는 판이해진다. 정념에 형성되고 길든 정신은 악에 집착하고 선한 것을 내친다. 이와 반대로 깨끗하고 깨어 있는 정신은 선한 대상을 사랑하고 사악한 것을 증오한다. 그러므로 마음의 대상을 선과 불선(不善)으로 분별하는 지식이 필요하며, 이는 하나님의 은혜로만 가능하다. 맑고 선한 정신은 이마의 중심(정신을 담당하는 기관의 중심)에 자리 잡고 분별한 그 결과를 지성에게 제공해 준다. 본문은 이러한 내용을 함축하고 있다.

2) "속이는 악한 생각"이란 속이는 아비 사탄의 생각, 사악한 생각들(evil thoughts)을 말한다.

치게 많이 자는 것을 삼가고, 쉬지 않고 집중하여 마음으로 기도하고, 눈물을 흘리고, 자기를 제어하고 침묵하며, 영혼과 몸을 깨끗이 하며, 겸손하고, 여러 가지 시험을 당할 때 인내함으로써 정신이 정화되었을 때, 그리고 자주 성찬에 참여하여 조명되었을 때, 정신은 자신을 통과하거나 다른 길로 영혼 안에 들어오는 것을 분별하여 압니다("문을 통하여 양의 우리에 들어가지 아니하고 다른 데로 넘어가는 자는 절도며 강도"[요 10:10]). 정신은 그것이 거룩한 것인지 악한 것인지 압니다. 만일 그것이 거룩한 것이라면 정신은 준비된 마음에 알려주어 즉시 그것을 받아들이게 합니다. 만일 그것이 악한 것이라면 마음에 알려주어 받아들이지 않게 합니다. 정신은 두 유형의 생각들이 어디에서 오는지 압니다. 악한 생각은 정신을 통과할 때 소동을 일으키고 영혼과 몸의 감각 상태와 정적을 어지럽게 합니다.[3] 이것은 늑대가 양우리에 들

---

3) 여기서 문(門)이란 다섯 기관, 즉 눈, 귀, 코, 혀, 피부이며, 이것을 통과하는 것은 물질, 소리, 냄새, 맛, 접촉이며, 이것을 인지(perception)하는 능력을 시각, 청각, 후각, 미각, 촉각이다. 이것이 육신의 다섯 개의 문과 그 작용이다. 또 하나는 두뇌의 역할인데, 두뇌는 비물질적인 대상, 즉 생각을 대상으로 삼아서 의식(consciousness)하는 동시에 앞의 다섯 감각에 느낀 것을 통합하는 정신적 기능을 한다.
 육체의 문을 단속하는 일은 수덕 생활에서 매우 중요하게 다룬다: "육체

어가 양들의 정적을 어지럽게 하는 것과 같습니다. 그렇기 때문에 성경은 "도둑이 오는 것은 도둑질하고 죽이고 멸망시키려는 것뿐이요"(요 10:10)라고 말합니다.

하나님의 은혜, 즉 위로부터 빛들의 아버지에게서 내려오는 성령의 위로는 먼저 정신의 경비대 곁을 지나갑니다. 그것은 잠시

---

에 다섯 가지 감각—시각, 청각, 미각, 후각, 촉각—이 있듯이, 영혼 안에도 다섯 가지 감각—지성, 이성, 영적 인식력, 직관적인 지식, 인지적인 통찰—이 있습니다. 이것들은 세 가지 정식 활동 안에서 결합합니다: 지적 작용, 추리, 그리고 지적 인식. 지적 작용에 의해서 영적 의도를 이해하며, 추리에 의해서 영적 의도를 해석하며, 지적 인식에 의해서 거룩한 통찰과 영적 지식의 심상을 파악합니다"(『필로칼리아』 제4권. 니키타스 스티타토스, "덕의 실천에 관한 100편의 글", 10. 111쪽).

"금욕적 수덕 생활에는 다음과 같은 다섯 가지 감각이 있습니다: 깨어 경계함, 묵상, 기도, 절제, 침묵. 육체의 다섯 가지 감각을 이것들과 연결한다면, 즉 시각과 깨어 경계함을 연결하고, 청각을 묵상과 연결하고, 후각을 기도와 연결하고, 미각을 절제와 연결하고, 촉각을 침묵과 연결한다면, 신속하게 영혼의 지성을 정화할 것입니다. 이렇게 지성을 순화하면서 무정념하고 선견적으로 만들 것입니다"(『필로칼리아』 제4권. 니키타스 스티타토스, "덕의 실천에 관한 100편의 글", 91. 146쪽).

깨끗하고 깨어 있는 정신은 다섯 개의 문을 통해 들어오는 것을 바른 생각으로 분별하여 영혼에 전달한다. 그러나 속이는 사악한 생각이 양 우리 안에 들어올 때 정적(hesychia) 상태가 깨어지고 혼돈과 파도가 일어난다. 바람에 나부끼는 깃발처럼 마음의 수면이 흔들리고 파도가 요동친다(마 8:23-27 참조). 이러한 상태를 시험이라고 한다.

멈추어 정신을 만나고 나서 곧바로 번개보다 더 빠르게 마음에 들어갑니다. 번개가 칠 때 어두운 구름 속에서 번갯불을 볼 수 있습니다. 하나님의 은혜도 그와 같습니다. 하나님의 은혜가 나타나 정신을 만나면, 정신은 매우 신비하게 그것을 인지합니다. 하나님의 은혜가 마음을 향해 움직여 접근할 때, 정신은 은혜의 능력과 에너지가 설명할 수 없이 빠른 속도로 정신에 마음으로 이동한다는 것을 압니다. 하나님의 은혜가 마음에 도착하면, 깨끗한 마음은 은혜가 다가와 마음 안에 쉬는 것을 인식합니다. 다시 말해서 하나님의 은혜가 마음에 거처를 취하였음을 압니다. 정신 안에서 발생한 것과 같은 은혜의 에너지가 마음 안에서도 발생합니다. 하나님의 은혜가 다가와 마음을 만질 때 불 앞에서 초가 녹듯이(시 68:2) 완악한 마음은 즉시 부드러워집니다. 그리고 마음속에서 기쁨의 눈물이 솟아오릅니다. 이것을 기쁨의 애통이라 합니다.

　이 애통이 마음을 위로하고, 영혼을 즐겁게 하고, 지성을 하나님에게 들어 올리고, 정신을 부드럽게 하고, 얼굴을 쾌활하게 하고, 낙담을 몰아내고, 육신의 정념을 제거하고, 영혼의 정념을 죽이고, 하나님에 대한 경외심을 낳고, 모든 악과 죄에서 보호해줍니다. 마음에 강력한 애통이 있으면, 불이 통나무를 사르듯이 그것이 귀신들의 악함을 태우기 때문에 귀신들이 접근하지 못할 것입니다. 그리고 아무리 노력해도 젖은 불쏘시개에 불을 붙일 수 없듯이, 귀신들이 마음에 설치하려 하는 계획이 실패할 것입니다. 그러므로 귀신들은 애통하는 마음에 접근하거나 가까이 오지 않습니다. 귀신들이 큰 악과 뻔뻔스러움과 시기심 때문에 마음에 다가와도 아무것도 이루지 못할 것입니다.

애통이 있는 마음은 끊임없이 눈물을 흘릴 것이며, 수덕자의 눈물은 자신이 세례받은 세례반의 물보다 더 많을 것입니다. 애통하는 사람은 그것을 잃지 않도록 조심해야 합니다. 정신이 집중하지 않거나 마음으로 기도하지 않을 때 그것을 잃습니다. 그래서 주님은 "시험에 들지 않게 깨어 기도하라"(마 26:41; 막 14:38)고 말씀하셨습니다.

애통이 없을 때 영혼은 큰 시험에 빠집니다. 선을 미워하는 귀신들이 사방에서 영혼을 강력하게 시험하고 공격할 때, 애통이 없으면 쉽게 패배하고 치명상을 입습니다. 인생이 어떻게 지나가는지 아무도 알 수 없듯이, 애통이 어떻게 떠나가는지 아무도 알지 못합니다. 모든 사람이 세월이 흘러갔음을 알지만 어떻게 흘러갔는지 이해하지 못하듯이, 애통을 잃은 사람은 단지 그것이 사라졌다는 것을 알 뿐입니다.

애통을 잃은 사람은 다시 하나님께 그것을 요청해야 합니다. 애통이 없는 사람은 크고 거룩한 은사를 빼앗기며, 그의 영혼은 과부처럼 가난해집니다. 애통이 돌아오면, 그는 자신에게 그 은사가 없었기 때문에 큰 해를 입고 있었다는 것을 이해합니다. 부주의[4] 하여 애통을 잃은 사람은 겸손하게 하나님께 그것을 구해야 합니다. 그는 슬퍼하는 얼굴, 괴로워하는 마음과 정신을 보여야 합니다. 하나님 앞에 영혼의 시련과 마음의 고난을 모두 펼쳐 놓아야 합니다. 다윗이 "내가 내 원통함을 그의 앞에 토로하며 내 우환을 그의 앞에 진술하는도다"(시 142:2)라고 말한 것처럼, 그는 자신의 상태를 한탄하면서 하나님 앞에 간구해야 합니다.

그는 복된 애통이 떠난 원인이 자신이라고 탓하면서 다시 하나님의 은혜를 받아야 합니다. 그는 이제부터 더 조심하겠다고 하나님께 약속하며, 하나님 앞에서 성실하게 회개해야 합니다. 애통은 마음과 정신을 위로할 뿐만 아니라 영혼과 마음의 모든 능력을 위로하므로(심지어 육신도 위로받습니다), 애통이 부재할 때 영혼과 마음과 육신이 하나님께 엎드려 애통을 간청해야 합니다. 이것들은 각기 자신의 의무를 행해야 합니다. 몸은 노동함으로써 고난을 당해야 합니다. 마음은 탄식과 기도의 힘에 짓눌려야 합니다. 영혼은 과부가 된 여인이 상복을 입듯이 슬픔을 입어야 합니다. 지성과 정신은 영혼과 함께 신격의 보좌로 가야 합니다. 그때 겸손

---

[4] "부주의"(carelessness)는 깨어 지킴(watchfulness)에 상반된 상태이다.

한 처녀가 주 예수 그리스도의 발 앞에서 슬퍼한 것처럼, 영혼은 깨끗한 신랑을 공경하며 그 앞에 엎드려 울어야 합니다. 영혼은 그의 발에 입을 맞추고, 말할 수 없이 깨끗하고 아름다운 겉옷을 붙들고, 그분의 거룩하고 아름다운 얼굴을 응시해야 합니다. 그다음에 사랑하고 두려워하면서 다음과 같이 기도해야 합니다:

기도문
"주님, 인간을 위해 완전한 인간이 되시고, 인간을 향한 사랑 때문에 나를 구원하여 주셨음을 기억하십시오. 주님, 당신의 거룩하신 이름으로 말미암아 나의 보잘것없는 간구를 거부하지 마시고, 제게 주님의 위로를 주십시오. 나를 지으신 창조주여, 탕자인 나에게 노하지 마십시오. 사랑의 하나님, 당신의 형언할 수 없는 영광으로 말미암아 나에게 풍성한 자비를 보내주십시오. 나는 주님의 종이오니 주님의 거룩한 거처에서 나에게 풍성한 은혜를 부어 주십시오. 주님의 은혜가 없으면 나는 매우 괴롭습니다. 오, 거룩하신 하나님, 주님 앞에서 지나치게 많은 말을 한다고 하여 나에게 노하지 마십시오. 주님, 내가 마음이 완악하여 원통함을 품고 있어서 이런 말을 한다는 것을 주님을 잘 아십니다.

"긍휼하신 주님, 젊어서부터 지은 나의 모든 잘못을 용서해 주십시오. 사랑의 주 하나님과 성령이시여, 주님을 슬프게 한 모든 행동을 용서해 주십시오. 잘못을 기억하시지 않는 분이시여, 내 죄에서 얼굴을 돌리시고 나의 모든 허물을 씻어 주십시오. 내 주여, 내 안에 깨끗한 마음을 지으시고, 성령께서 내 마음 깊은 곳에 거하여 주십시오. 나의 그리스도시여, 나를 주님 앞에서 쫓아내지 마시고, 내게서 성령을 거두어 가지 마십시오. 주님, 주께서 성령으로 나를 위로하시고 은혜를 주시면, 내가 힘과 열심을 다하여 주님을 섬길 수 있습니다.

"하늘의 왕, 사랑하는 예수, 영광의 주, 성도들의 공회에서 영광을 받으시는 분이시여, 비천하고 무가치한 종의 기도를 들으시고, 무수히 많은 죄 때문에 거두어가셨던 구원의 은혜와 기쁨을 주십시오. 주님, 비천한 종에게 거룩하신 성령의 은혜 주시사, 여러 가지 방법으로 끊임없이 악하고 오만한 사자처럼 공격하는 자가 더는 공격하지 못하게 해 주십시오. 인간의 친구요 나의 생명이시요 구원의 소망이신 주님, 나는 주님을 의지합니다. 하늘의 모든 세력이 주님을 찬양하며 세세토록 영광을 돌립니다. 아멘."

소리 없는 음성으로, 마음과 몸의 얼굴을 숙이고 겸손의 심연에 정신을 담그고 이렇게 기도하는 사람은 자기의 마음이 부드러워졌고 구원이 가까이 있음을 의식할 것입니다. 이는 영혼이 하나님을 생생하게 보지 못하게 하며 애통을 박탈하는 모든 방해와 완악함을 몰아내시기 위해 주님이 보이지 않게 임재하셔서 가까이 오셨기 때문입니다. 마음이 다시 완악해져서 울지 않으며, 영혼이 신랑을 애도하지 않으며, 정신이 냉담해져서 그 창조주를 볼 수 없어도 낙심하지 말고 선한 싸움을 계속해야 합니다. "여호와는 마음이 상한 자를 가까이 하시고"(시 34:19)라는 말씀대로, 매 순간 자신을 책망한다면, 곧 깨진 마음 안에서 하나님의 위로를 발견할 것입니다. 주님이 보이지 않게 다가오시면, 자신의 내면에서 하나님의 은혜가 일하는 것을 볼 것입니다. 다시 눈물이 흐를 것이며, 마음이 편히 쉴 것이며, 생각이 평화로운 것이며, 영혼이 처음 지음 받았을 때처럼 새로워질 것입니다. 시편 기자는 "네 청춘을 독수리 같이 새롭게 하시는도다"(시 103:5)라고 말합니다. 그는 이러한 징후들을 통해서 하나님이 자신의 상한 마음의 회개를 기분 좋은 향기로 받으셨다고 확신합니다. 그때부터 그는 기뻐하면서 겸손하게 주님의 계명을 실천합니다. 우리 하나님께 영원히 영광을 돌릴지어다, 아멘.

# 담론15

## 지성의 기도와 가책에 관하여

어떤 사람이 왕의 모습과 글씨가 새겨진 금화를 주었는데, 그것이 진짜 금화인지 가짜 금화인지 알려면 검사하는 도구로 시험해 보아야 합니다. 그것을 검증하는 방법을 알지 못하여 시험하지 못한다면, 그 일에 숙련된 사람에게 그것을 보여주어야 합니다. 그는 그것이 진짜인지 가짜인지 말해 줄 것입니다. 만일 그것을 경험이 없는 미숙한 사람에게 보여준다면, 그 주화의 진위에 대해 확신할 수 없을 것입니다. 만일 그 미숙한 사람이 그것이 진짜 주화라고 말했는데, 당신이 그 말이 옳지 않다는 것을 알면서도 그렇게 믿고 그것을 보관한다면, 그의 조언으로 유익이 아니라 해를 입을 것입니다.

영적인 일에 관련하여서도 세심하게 시험해야 합니다. 당신의 영혼이 때때로 보는바 하나님에서 오는 것처럼 보이는 환상

(vision)이 하나님에서 오는 것인지 귀신에게서 오는 것인지 확신할 수 없으며, 그러므로 그 환상의 근원에 관하여 정신 안에 큰 싸움과 불확실성이 존재합니다. 옹졸한 귀신들은 정신이 약한 사람을 조금씩 속여 치유할 수 없는 속임과 악의 미로에 빠뜨리기 위해서 하나님에서 온 것처럼 가장하여 환상을 보여주곤 합니다. 귀신들이 하나님에서 오는 것처럼 가장하여 보여주는 환상을 세심하게 살피지 않고 자신의 노력 때문에 그것을 보게 되었다고 믿을 때 이런 일이 발생할 것입니다.[1]

---

1) 보통 기독교인들은 명철과 지혜를 구분 없이 사용하는 경향이 있다. 지혜(understanding)란 무엇인가? 동양 종교에서는 지혜(般若, 팔리어로 pañña), 또는 통찰지(洞察智)라고 한다. 쉽게 설명한다면 어떤 사물이나 대상을 아는 지식을 말한다.

본문은 진짜 금화와 위조 금화를 분별하는 지혜에 대한 예이다. 대상을 아는 데 세 단계로 설명할 수 있다: (1) 금화의 외형, 색깔 등을 5감을 통해서 단순히 지각하는 단계; (2) 금화의 가치를 알고 그것으로 누릴 수 있는 행복 등을 의식함; (3) 금화를 통해서 하나님의 고귀한 성품을 관상을 통해 아는 지혜. 어린아이는 첫 번째 단계에, 보통 사람은 두 번째 단계에, 깊은 관상 생활을 하는 수도자는 세 번째 단계까지 머물 수 있다.

그러나 일반적으로 두 번째 단계에서 금화의 비전에 사악한 정념(마귀)이 작용하면 이 금화는 탐욕의 대상으로 변한다. 정념(마귀)은 이렇게 조금씩 사소한 것에 습관을 들게 한 다음 종국에 영혼 전체를 파멸로 환상을 볼 때 그것이 하나님에서 온 것이라고 믿고 곧바로 받아들이거나 부주의하게 마음에 받아들이지 말고, 가책하는 지성의 기도로 검증하거나, 경험과 지식이 있어 당신의 문제를 해결하고 불확실성에서 해방해줄 수 있는 노련한 사람에게 상담해야 합니다. 환상이 마귀의 공격이거나 속임수일까 염려하여 하나님에서 온 것이라고 확신할 수 있을 때까지 받아들이지 않는 것은 죄가 아닙니다(이와 관련하여 사도 요한 "사랑하는 자들아 영을 다 믿지 말고 오직 영들이 하나님께 속하였나 분별하라"[요일 4:1]고 말합니다). 어떤 환상은 하나님에서 온 것처럼 보이지만 실제로는 귀신들에게서 온 것입니다(이는 어떤 사람들이 겉으로는 거룩한 것 같지만 내면적으로는 귀신들보다 더 악한 것과 같습니다. 주님은 그런 사람들에 대해 "화 있을진저 외식하는 서기관들과 바리새인들이여"[마 23:13]라고 말씀하셨습니다). 교활한 귀신들은 저지되지 않고 자유롭게 영혼 안에 들어오려고 이런 일을 행합니다. 그들이 교활하게 영혼 안에 들어와 발을 들여놓은 후, 즉 영혼의

---

이끈다. 그러므로 어떤 대상에 대한 환상(表象)에 세심한 주의를 기울여야 한다. "어리석고 눈 먼 자들아! 어느 것이 더 중하냐? 금이냐? 그 금을 거룩하게 하는 성전이냐?"(마 23:17).

성향을 덮쳐 사로잡은 후에는 몸의 성향을 쉽게 장악할 수 있습니다. 그때 귀신들은 양의 가면을 벗고 늑대의 악한 모습을 드러내며 더러운 욕망으로 마음을 더럽힙니다. 게다가 그들은 당신에게 마귀의 행동을 하게 합니다. 만일 당신이 보는 환상이 하나님에서 온 것이라면 이런 일이 일어나지 않을 것입니다.

환상이 보일 때 다음과 같은 방식으로 그것을 시험해 보십시오: 만일 당신이 환상을 본 날 정념에 전혀 시달리지 않고 영적으로 안식하며, 정신이 평소에 자극하던 반대되는 파도에 흔들리지 않고 잠잠하며, 마음이 평화로우며, 노력하지 않아도 영적인 말에 가책을 느낀다면, 그 환상이 하나님에서 온 것임이 확실합니다. 하나님에서 온 것 같은 환상을 본 후에 내면에 이런 일들이 일어나지 않아서, 그것이 귀신에게서 온 것인지 의심스러우면, 다음과 같은 방식으로 시험해 보십시오:

지성을 마음 깊은 곳에 집중하여 모아들인 후, 지성으로 "주 예수 그리스도, 하나님의 아들이시여, 나를 불쌍히 여기소서"라고 기도하십시오. 다른 말을 하지 말고, 정신이 당신이 본 환상에 대해 생각하거나 그것을 조사하거나 그것에 몰입하지 못하게 하십시오. 만일 정신이 저절로 그 환상에 대해 생각하기 시작한다면, 신속하게 저지하고 마음의 기도로 돌아가십시오. 그렇게 하면 기도가 하나님 앞에 깨끗하게 드려질 수 있습니다.[2] 만일 그 환상이 하나님에서 온 것이라면 이렇게 겸손하게 경외하면서 기도하며 당신이 본 환상을 기억할 때 마음에서 영적인 눈물이 솟아나는 것을 느낄 것입니다. 이렇게 마음이 영적으로 거룩하게 뛰고, 영적으로 감미로운 눈물이 솟구치는 동시에 영적, 육적인 성향이 고요

---

2) 『필로칼리아』의 교부들은 정념(마귀)의 일련의 유혹 과정을 설명한다. 이들은 크게 마귀의 도발과 인간의 동의를 구분한다. 마귀의 유혹은 인간이 통제할 수 없지만, 인간은 유혹에 동의한 것에 책임을 진다: (1) 마귀의 도발(provocation), 악을 향한 최초의 자극; (2) 정념의 작용이나 움직임이 없이 일어나는 지성의 순간적인 동요(momentary disturbance); (3) 교제(communion), 혹은 결합(coupling), 아직 마귀의 도발에 완전히 동의하지 않은 채 그것을 받아들이거나 그것과 사귀거나 교제하며 정신 속에서 기분 좋게 그것과 거래하면서도 그것을 좇아 행동할 것인지 망설이는 단계; (4) 동의(συγκατάθεσις; assent), 단순한 교제나 결합 이상의 단계로서 단순히 마귀의 제안에 협력하는 데 그치지 않고 그것에 따라 행동하기로 한다; (5) 선입견(πρόληψις; prepossession), 인간이 자유의지를 보유하며 마귀의 도발을 거부할 수 있지만, 실제로는 습관의 힘이 점점 더 그것을 거부하기 어렵다; (6) 정념(passion)은 선입견에 저항하여 애써 싸우지 않으면, 선입견은 악한 정념으로 발달한다.
　본문에서 말하고자 하는 바는 환상이 의심스러울 때, 그것에 대해 생각하거나 조사함으로써 그것에 몰입하지 못하게 하라는 이유는 위의 제3항 "교제"로 이어지기 쉽기 때문이다. 그러므로 모든 정신적 활동을 급히 "마음의 기도"로 돌아가야 한다.

해지고 잠잠해지고 평화를 느낄 것입니다. 이 평온한 성향과 함께 주님의 사랑의 거센 불이 일어날 것입니다. 그 불길이 타오를 때 (갑자기 내면에서 주님 사랑의 불이 타는 것을 느낄 때) 주인을 잃고 짖어대는 개처럼 하나님께 소리치십시오. 그리고 슬피 울면서 가책을 느끼는 음성으로 다음과 같이 기도하십시오:

"나의 하나님, 나의 하나님, 어디에 계십니까? 사랑의 하나님, 한 시간이라도 빨리 나를 하나님이 계시는 곳에 데려가지 않으시렵니까? 나의 하나님, 나의 하나님, 풀무불처럼 내 안에 점화된 하나님 사랑을 향한 꺼지지 않는 갈망 때문에 내 속이 타고 있는 것을 안타깝게 느끼지 않으십니까? 내가 이 세상의 눈물 골짜기에 있어서 하나님을 떠난다 해도 나의 하나님은 내 마음에서 타고 있는 불이 꺼지도록 버려두지 않으실 것입니다. 주님, 목마른 나그네가 물을 생각한다고 해서 시원함을 느끼지 못하고 오히려 더 큰 갈증을 느낍니다. 주님을 갈망하는 내 영혼은 주님에 대해 생각하거나 주님을 보는 것으로 시원함을 얻지 못하며, 주님 계신 곳에 나를 데려가시지 않을 때 더 큰 갈망을 느낍니다. 주님은 내 영혼의 갈증을 해갈하는 샘이십니다.

"주님, 부모와 형제와 고향을 사랑하고 있으면서 유랑생활을 하는 아들이 부모님과 가족들에게서 편지를 받으면 무슨 일이 일어날까요? 주님, 편지를 읽으면서 눈물로 편지가 흠뻑 젖지 않을까요? 편지에 쓰인 부모님과 형제의 이름을 볼 때 내면이 불타는 것 같지 않을까요? 가족들에 대해 생각하면서 깊은 한숨을 쉬지 않을까요? 고향과 친구들을 생각하면서 마음으로 흐느끼지 않을까요? 주님, 육적인 사람에게 이런 일이 일어난다면, 거룩하신 하나님 아버지께서 우리에게 보내시는 편지와 같은 거룩한 환상과 계시의 은혜로 불쌍하고 불운한 존재에게 찾아오실 때 영적인 사람에게 어떤 일이 일어날까요? 주님, 거룩한 환상의 은혜가 신실한 종의 마음에 설명할 수 없는 방식으로 새겨지며, 거룩한 은혜가 동경과 긍휼과 하나님 사랑(eros)으로 마음을 불태우며, 영혼의 눈을 들어 거룩하신 아버지 하나님을 바라볼 때 사모하는 뜨거운 눈물이 흐르게 합니다.

"주님, 형언할 수 없는 영광의 거룩한 집에서 내 비천한 마음을 내려다보십시오. 내 마음은 하나님 사랑의 영적이고 거룩한 화살에 맞아 상처를 입었고, 하나님의 거룩한 환상을 본 순간부터 큰 가책 때문에 밀랍처럼 녹았습니다. 하늘에서 보낸 편지인 듯이 내 마음에 주님의 거룩한 환상이 주어졌습니다. 내 정신이 그것을 개봉하여 읽어줄 때, 비천한 내 영혼은 곧 당신께 매달렸습니다. 다윗이 주님을 갈망했던 것처럼 내 영혼도 주님을 목말라 사모합니다. 거룩한 다윗의 영혼은 주께서 때에 따라 특별한 상황에서 보여주신 거룩한 환상과 계시 때문에 주님을 사모했습니다. 주님을 향한 그의 갈급함은 그가 주께로 와서 주님의 샘에서 마시지 않는 한 해소될 수 없었습니다. 그는 영혼 깊은 곳에서 울부짖는 어린 사자처럼 살아계신 주 하나님을 대면하여 보기를 원하여 '하나님이여 사슴이 시냇물을 찾기에 갈급함 같이 내 영혼이 주를 찾기에 갈급하니이다 내 영혼이 하나님 곧 살아 계시는 하나님을 갈망하나니 내가 어느 때에 나아가서 하나님의 얼굴을 뵈올까'(시 42:1-2)라고 말했습니다.

"주님, 나도 다윗과 같습니다. 불쌍한 나의 영혼은 주님을 향한 갈망 때문에 녹습니다. 이 갈망이 서서히 나의 내면을 사로잡아 내가 이 세상을 떠나 나의 주 하나님께 갈 때까지 떠나지 않을 것 같습니다.

"주님, 만일 주께서 나를 사랑하신다면, 한 시간이라도 빨리 이런 일이 나에게 일어나서 내 영혼의 갈급함이 해소될 수 있게 해 주십시오. 아멘."

사랑하는 자여, 이러한 표식을 근거로 당신이 본 환상이 하나님에게서 온 것인지 이해하고 확신해야 합니다. 비록 당신이 그 문제에 대해 마음 깊은 곳에서 하나님께 기도하고 주님의 선하심 앞에서 겸손히 간구했어도, 만일 이런 일이 일어나지 않는다면, 당신이 본 환상은 귀신들에게서 온 것임을 알아야 합니다. 왜냐하면

위에서 말한 것과 같은 일은 마귀가 주는 환상에서 발견되지 않기 때문입니다. 당신의 환상이 귀신들에게서 온 것일 때에는 그와 반대되는 일들이 일어납니다. 그 일이 어떻게 진행되는지는 다음과 같습니다.

하나님은 선하시고 다정하시고 자비하시고 긍휼하시고 오래 참으시고 깨끗하시며, 순수한 사랑이십니다. 이러한 하나님은 당신이 하나님의 속성을 본받기를 원하십니다. 다시 말해서 하나님은 당신도 선하고 다정하고 자비하고 긍휼하고 오래 참고 인내하고 깨끗하며, 이웃을 향한 순수한 사랑을 품기를 원하십니다. 그러나 마귀는 철저히 악하며, 그렇기 때문에 당신이 그의 악함을 본받기를 원합니다.

사랑하는 자여, 환상을 본 후에 영혼이 하나님의 속성을 소유하며, 마음에 가책과 하나님이 속성에서 비롯된 평온함이 채워진다면, 당신이 본 환상은 하나님에서 온 것입니다. 그것이 하나님에서 온 것이므로 당신의 영은 하나님의 속성으로 말미암아 기뻐하며, 당신에게 거룩하신 하나님 아버지의 속성을 힘껏 본받으려는 갈망이 가득해집니다. 당신은 오로지 아버지 하나님을 기쁘고 즐겁게 하는 것만 원합니다.

그러나 만일 환상을 본 후에 당신의 영혼이 하나님의 속성을 기뻐하지 않으며, 마음에서 오는 가책이 채워지지 않으며, 하나님 아버지의 속성을 본받으려는 영적 갈망을 느끼지 못한다면, 그 환상은 귀신들에게서 온 것입니다. 당신이 본 환상이 귀신들에게서 온 속임수일 때 세심하게 당신의 영적 성향과 육체의 성향을 살펴보면, 그것들이 은밀하게 마귀의 속성을 향하고 있다는 것, 그리고 당신이 눈치채지 못하지만, 서서히 확실하게 그것들을 향하여 당신을 끌어가려 한다는 것을 발견할 것입니다. 이것은 누군가 당신이 깔고 있는 짚 밑에 물을 부어놓으면 짚이 물에 젖는다는 것을 알아채지 못하는 것과 같습니다.

사랑하는 자여, 외관상 선한 생각이 하나님에서 오는 것인지 마귀에게서 오는 것인지 알려면 가책의 기도로 세심하게 시험해 보아야 합니다.[3] 만일 그것이 하나님에서 온 생각이라면, 마음의 기도의 아픔으로 광택을 낼수록 내면에서 진주처럼 반짝일 것입니다. 그리고 오랫동안 가책의 기도―그리스도께서 받으실 수 있도록 내면 깊은 곳에서 드리는 기도―로 그 생각에 불을 붙인다면, 내면에서 그 생각이 불타고 빛날 것입니다. 이는 금세공자가 정련

---

3) Cf. St. Gregory of Sinai, *On Prayer* 7 (*The Philokalia*, vol. 4, 283). 한글 번역서로 『필로칼리아』(엄성옥 역, 은성출판사) 시내산의 성 그레고리, 412-413쪽 참조하라.

하고 광택을 내면 순금이 반짝이는 것과 같습니다. 만일 그것이 귀신에게서 온 생각이라면, 마음으로 통회하는 기도로 불을 붙이자마자 사라질 것입니다. 그것은 즉시 사라지지 않더라도, 서서히 힘을 잃고 결국은 사라질 것입니다.

수덕적인 거룩한 교부들은 선한 것처럼 보이는 생각의 공격을 받으면 거룩한 기도로 시험해 보았습니다. 그것이 하나님에서 온 생각이라면, 기도가 그것을 더 강하게 해주었습니다. 그러나 귀신에게서 온 생각이라면, 기도가 즉시 그것을 파괴했습니다. 강한 귀신에게서 온 것이어서 즉시 사라지지 않는다면, 마음의 거룩한 기도가 점진적으로 그것을 마음에서 근절할 것입니다.

그러므로 내면 깊은 곳에서 끊임없이 가책하는 마음의 기도를 드릴 때 여러 차례 죄로 당신을 잡아 뜯는 귀신을 두려워할 필요가 없을 뿐만 아니라, 더 쉽게 당신을 함정에 빠뜨리려고 덕을 가장한 속임수로 수십만 번 영혼을 공격해도 두려워할 필요가 없습니다. 꾸준히 거룩한 마음 안에서 지성으로 기도할 때 당신은 내면에 그리스도의 이름을 소유하는데, 그 이름은 마귀의 사악함이 당신의 마음을 건드리거나 영혼에 다가오는 것을 허락하지 않을 것입니다. 그래서 시편 기자는 "천 명이 네 왼쪽에서, 만 명이 네 오른쪽에서 엎드러지나 이 재앙이 네게 가까이 하지 못하리로다"(시 91:7)라고 말합니다. 우리 하나님께 영광과 능력가 찬송과 위험이 이제부터 영원히 세세토록 있을지어다. 아멘.

## 담론 16

지성의 기도가 마귀의 교활한 계략을 소멸하는 것에 관하여

1. 기도로 마음을 상하게 하십시오.[1] 그리하면 사탄의 세력이 당신의 마음에서 완전히 근절될 것입니다.

2. 마음으로 기도할 때마다 깊이 비통하게 한숨을 쉬며 신음하십시오. 그리하면 미로 같은 기관지와 마귀의 덫을 피할 수 있을 것입니다.

3. 마음의 중심에서 하나님께 부르짖으십시오. 그리하면 당신의

---

1) "마음을 상하게 한다"(crush your heart)를 직역하자면 "마음을 부수다", 또는 "마음을 으깬다"라는 의미가 된다. "사악한 선입견, 전도된 기억으로 고착되고 형성된 마음을 기도로 부숴라"고 의역해도 무방할 것이다. 상한(부서진) 마음은 회개와 애통의 눈물을 낳는다: "애통하는 자는 복이 있나니 그들이 위로를 받을 것임이요"(마 5:4).

부르짖음이 만군의 주의 귀에 닿을 것입니다.

4. 마음의 소리 없는 외침으로 그리스도께 부르짖으십시오. 그리하면 당신을 부당하게 다루는 귀신들을 그리스도께서 심판하시고, 그 신격의 번개로 당신을 공격하는 마귀들과 싸우실 것입니다.

5. 원수 마귀가 당신을 대적하고 시험할 때 항상 탄식하며 그리스도께 말하십시오. 그리하면 그리스도께서 속히 당신을 도우러 오실 것입니다.

6. 마음을 상하게 하면서 강력하게 속이는 자인 마귀를 대적하여 싸우십시오. 그리하면 그의 교활한 머리가 상할 것입니다.

7. 사람이 뜨겁게 달아오른 쇳덩이를 손에 잡기를 두려워하듯이, 마귀는 상한 마음을 두려워합니다. 왜냐하면 상한 마음은 마귀의 사악함을 강력하게 없애기 때문입니다.

8. 상하지 않은 해이한 마음에 마귀에게서 온 환상이 나타나면, 즉시 그것을 받아들이며, 환상의 이미지가 깊이 새겨집니다. 그러나 상한 마음에는 환상이 자리 잡지 못합니다.

9. 상한 마음에서는 사탄의 음모가 물려 나가고, 마귀의 활동이 시듭니다.

10. 상한 마음은 루시퍼(사탄)의 오만을 끌어내리고, 상한 마음을 가진 사람을 하늘로 끌어 올립니다.

11. 마음을 상하게 함으로써 루시퍼의 오만을 부수십시오. 그리

하면 전능하신 주님이 당신의 영혼에 왕관을 씌워주실 것입니다.

12. 당신이 마음을 상하게 하는 순간 영혼 안에서 귀신의 사악함이 사라지고 하나님의 의로운 광선이 비출 것입니다.

13. 기도로 마음을 상하게 하십시오. 그리하면 지존자의 능력으로 옷 입은 당신의 영혼이 주의 천사처럼 두려움 없이 마귀에게 돌진하는 모습을 볼 것입니다.

14. 기도로 마음을 상하게 하십시오. 그리하면 죄가 마음에서 근절될 것입니다.

15. 상한 마음에서 사탄의 종인 귀신이 도망칠 것이며, 귀신들의 두목인 사탄도 기도로 상한 마음에서 번개보다 더 빨리 도망칩니다.

16. 사람이 뜨거운 풀무에 들어가지 않듯이, 마귀는 강력한 기도로 뜨거워진 마음에 들어가지 않을 것입니다.

17. 꿀벌이 날아다니는 동안 날갯짓을 몇 번 하는지 셀 수 없듯이, 기도로 상한 마음에서 사탄이 몇 걸음에 도망치는지 셀 수 없습니다.

18. 용감한 군인 앞에서 보초병이 움찔하듯이, 귀신은 끊임없이 기도로 마음을 상하게 한 사람 앞에서 움찔합니다.

19. 귀신은 속임수로 사람의 정신을 사로잡으려고 접근할 준비할 때 먼저 기도로 상한 마음의 번개를 피해 도망칠 길을 준비합

니다.

20. 사람이 기도로 마음을 상하기 시작하는 것을 보는 즉시 귀신은 충격을 받아 상한 마음을 살펴보지 않고 바로 도망칩니다.

21. 불길에 둘러싸인 연설가가 불에 대해 발언하지 않고 목숨을 건질 방법에 관심을 두듯이, 기도로 뜨거워진 마음을 본 귀신은 마음의 상태에 관심을 두지 않고 도망칠 방법에 관심을 둡니다.

22. 개에게 쫓기는 토끼가 빨리 도망치면 살 수 있는 희망이 있지만, 무서운 사냥개가 쫓아오면 아무리 빨리 달려도 결국 잡히고 맙니다. 마찬가지로 일반적으로 덕의 공격을 받는 귀신은 고통을 피할 수 있지만, 통회하는 기도의 불칼의 추적을 받으면 그 기도의 번개가 귀신을 덮칠 것이며, 그 해골이 스올 입구에 흩어질 것입니다.

23. 참새가 독수리의 공격을 두려워하는 것보다 귀신이 기도로 상한 마음을 두려워하는 것이 더 큽니다.

24. 상한 마음은 불에 넣은 석회석이 스러지는 것보다 더 빨리 마귀의 악한 음모를 제거합니다.

25. 마귀는 기도로 상하고 상처 입은 마음을 보는 즉시 그리스도께서 인간을 위해 입으신 상처를 기억하고 두려워 움찔합니다.

26. 마음을 상하게 함으로써 마귀를 쳐부수십시오. 그리하면 승리하여 주님의 즐거움에 들어갈 것입니다.

27. 기도로 마음을 상하게 하십시오. 그리하면 당신을 속이는 사탄이 부서질 것입니다.

28. 기도로 마음을 상하게 하십시오. 그리하면 당신을 음란의 덫에 걸리게 하려고 기다리는 자가 도망칠 것입니다.

29. 마음이 상하게 되는 것을 두려워하지 마십시오. 그리하면 귀신이 당신을 두려워할 것입니다. 귀신은 승리하는 사람보다 기도로 마음이 상한 사람을 더 두려워합니다.

30. 뱀이 고양이 발톱을 무엇보다 더 두려워하듯이, 사탄은 덕보다 마음을 상하게 하는 것을 더 두려워합니다.

31. 고양이 발톱이 뱀에게 치명적이며, 마귀의 발톱은 인간의 영혼에 일곱 배나 더 치명적입니다. 그러나 마음을 상하게 하는 것은 마귀에게 일흔일곱 배나 더 치명적입니다.

32. 사탄은 마음 깊은 곳에서 올라오는 애통의 탄식을 들으면 재빨리 도망칩니다. 왜냐하면 기도로 상해진 마음과 그리스도가 가까이 있다는 것을 알았기 때문입니다.

33. 상한 마음 가까이 주님이 계십니다. 그래서 시편 기자는 "나의 탄식이 주 앞에 감추이지 아니하나이다"(시 38:9)라고 말합니다.

34. 늑대는 사냥개 소리를 들으면 즉시 도망칩니다. 왜냐하면 양을 지키는 목자가 가까이에 있다는 것을 알기 때문입니다.

35. 쥐는 고양이 울음소리를 들으면 하던 짓을 멈추고 쥐구멍에

들어가 숨습니다.

36. 루시퍼의 군사들은 마음에서 나오는 슬픔의 탄식 소리를 들으면 즉시 계획을 철회하고 잠잠합니다.

37. 귀신은 마음 중심에서 탄식하는 소리를 들으면, 주님의 보응이 두려워서 그곳에서 사라집니다.

38. 도둑은 근처에서 들려오는 총소리를 들으면, 도둑질을 포기하고 도망쳐 숨는다.

39. 사탄은 사람이 마음으로 신음하며 고함치는 소리를 들으면, 정념으로 영혼을 공격하여 도둑질하려는 것을 포기하고 제 목숨을 구하려 합니다.

40. 기도로 마음을 상하게 하십시오. 그러면 사탄의 보좌와 오만함이 부서질 것입니다.

41. 기도로 마음을 상하게 하십시오. 그러면 사탄이 완벽하게 무장한 그리스도의 군사인 당신을 보고 두려워 떨 것입니다.

42. 기도로 마음을 상하게 하십시오. 그러면 교만하고 오만한 사탄을 짓밟고 창피를 줄 것입니다.

43. 마음이 상했기 때문에 거칠어진 음성을 들을 때 마귀는 두려움 때문에 그 힘이 사라지고, 근심 때문에 배반의 불이 꺼집니다.

44. 사탄은 마음이 상한 사람의 얼굴에서 흐르는 눈물을 보는 즉시 그 마음속에서 화상을 입습니다.

45. 마음의 기도의 강력한 힘 때문에 피를 흘리는 것은 지옥 한복판에 생석회를 던지는 것과 같습니다.

46. 마음 깊이 탄식하는 것은 화살로 루시퍼의 눈을 찌르는 것과 같습니다.

47. 예수님을 기억하고 기뻐서 눈물을 흘리는 것은 루시퍼의 머리에 끓는 물을 붓는 것과 같습니다.

48. 마음으로 주 그리스도를 부를 때 사탄이 무력해집니다.

49. 영혼이 그리스도의 얼굴을 보고 기뻐할 때 무수히 많은 생각이 사탄을 폭격하고 루시퍼의 주위를 돕니다.

50. 마음 깊은 곳에서 그리스도의 이름을 부르면서 보이지 않는 원수를 지하 세계로 던져넣습니다.

51. 기도하면서 마음의 통증을 느낄 때, 사탄은 복통을 느낍니다.

52. 강력한 기도 때문에 우리의 기력이 쇠할 때, 루시퍼의 힘이 약해집니다.

53. 꾸준히 인내하면서 마음의 기도를 실천하는 사람의 영혼은 주님의 영광을 볼 것입니다.

54. 기도로 상한 영혼은 하나님 사랑을 먹을 것이며, 그 마음은 신비하게 창조주이신 그리스도의 형언할 수 없는 달콤함을 느낄 것입니다.

55. 기도로 마음이 상한 후 잠들면, 잠자는 동안 위로해주는 거룩

한 환상을 볼 것입니다.

56. 기도로 마음이 아플 때까지 상하게 하면 눈물이 하염없이 흐를 것입니다.

57. 기도의 힘 때문에 아픔을 느끼는 마음은 하나님의 은혜와 보호를 느낄 것입니다.

59. 상한 마음으로 인하여 생명의 위협을 느낄 때 하나님의 신비가 계시될 것입니다.

60. 상한 마음의 슬픔과 쓰라림을 경험할 때 영혼은 전능하신 주의 나라의 달콤함을 맛봅니다.

61. 기도의 힘 때문에 낙심할 때 영혼을 구하고 낙원을 얻습니다.

62. 마음으로 피를 바치면 영혼이 성령을 받습니다.

63. 마음으로 기도하면서 고민하여 땀을 흘리는 것은 기도하시면서 땀을 핏방울처럼 흘리신 그리스도를 닮는 것입니다.

64. 기도로 마음이 상할 때 영혼의 뿔을 높이고 루시퍼의 뿔을 짓밟습니다.

65. 기도의 힘 때문에 마른기침을 한 적이 있습니까? 당신의 비통함 때문에 사탄이 괴로움을 당하고 중병이 걸렸습니다.

66. 마음의 기도의 강력한 힘 때문에 당신의 음성이 닳힐 때 영혼은 거룩하고 불가해하고 감미로운 노래를 부릅니다.

67. 마음이 상해서 음조를 잃을 때, 예수님께 드린 천사 같은 노래

가 들려옵니다.

68. 마음 깊은 곳에서 하나님께 기도할 때 사탄은 그 기도를 들을 수 없어 귀를 막습니다.

69. 마음 깊이 탄식할 때 사탄은 두려워 정신을 잃습니다.

70. 마귀를 대적하여 마음에서 하나님께 부르짖는 것은 속이는 자인 사탄에게 보낼 벼락을 준비하는 것과 같습니다.

71. 마음에서 통회가 사라지면, 육이 영혼을 대적하여 진군합니다. 기도로 마음이 상할 때 영혼이 육을 대적하여 진군합니다.

72. 기도로 마음이 상할 때 영혼은 마귀를 대적하여 일어나고 죄에 대해 단호해집니다.

73. 마귀는 상한 마음을 보면 흠칫 놀랍니다. 왜냐하면 상한 마음 때문에 그의 힘이 마비되기 때문입니다.

74. 기도로 마음이 상할 때 영혼 안에서 주의 영이 기뻐하고 루시퍼의 군대가 당황합니다.

75. 기도로 마음이 상하면 내면에 덕을 향한 열심의 불이 붙고, 거기서부터 주님을 사모하는 마음이 생겨납니다.

76. 기도로 마음을 상하게 하십시오. 그러면 주의 영이 당신의 내면을 새롭게 해주실 것입니다. 시편 기자는 "내 안에 정직한 영을 새롭게 하소서"(시 51:12)라고 말합니다.

77. 기도로 교만한 마음을 부수고 겸손하게 하십시오. 그리하면 마음이 온유하고 겸손하신 주님이 당신의 영혼을 사랑하실 것입니다.

78. 기도로 마음을 상하게 하십시오. 그리하면 악의 주관자인 마귀를 조롱하며 그의 화살을 어린아이의 화살로 여길 수 있을 것입니다.

79. 기도로 마음이 상한 사람은 사탄을 개미처럼 여겨 두려워하지 않습니다. 그러나 마음이 상하지 않는 사람은 사탄을 사자처럼 여겨 항상 두려워합니다.

80. 기도로 거세게 마음을 상하게 하면, 몸과 영혼이 안식을 경험합니다. 심하게 상한 마음에서 무정념과 정결의 별이 빛납니다.

81. 기도로 마음을 상하게 하십시오. 그러면 당신의 영혼이 하나님의 천사들과 대화할 것인데, 이것은 참으로 복되고 바람직하며, 획득하기 어려운 것입니다.

82. 기도로 마음을 상하게 하십시오. 그러면 몸이 깨끗하고, 정신이 깨어 지킬 것입니다. 깨끗함과 깨어 지킴은 거룩한 것을 향하여 날게 해주는 영혼의 두 날개와 같습니다.

83. 항상 기도로 마음을 상하게 하십시오. 그리하면 정신의 눈이 밝을 것입니다. 그리고 육체의 눈으로 사물을 보듯이, 그 눈으로 보이지 않는 낙원의 것을 보게 될 것입니다.

84. 지성을 마음의 보좌가 있는 내면 깊은 곳으로 모아들이십시

오. 깨어 지키는 파수꾼처럼 그곳에 집중하면서 기도의 은혜로 지성이 부드러워질 때까지 반복하여 기도하십시오. 그리하면 지성이 참 안식처인 하나님을 향해 하늘로 날아가는 것을 보게 될 것입니다.

## 담론 17

### 지성의 기도가 영혼의 선덕을
### 하늘나라에 쌓고 보존함에 관하여

지성은 영혼의 장식이며, 정신은 영혼의 광채입니다. 그러므로 마음의 기도로 지성의 깨끗함을 더러운 생각들로부터 보호하며, 정신의 깨끗함을 더러운 상상으로부터 보호할 때, 아름답게 장식되고 치장된 영혼은 영광의 주의 신방에 들어갑니다. 영혼은 그 장식과 광채가 해처럼 빛나기 때문에 부끄러워하거나 확신을 갖지 못한 상태에서 들어가는 것이 아니라 거룩한 신랑의 친구요 지인으로서 용기를 갖고 담대하게 들어갑니다. 그곳에 들어간 영혼은 성도들과 함께 영원히 기뻐할 것입니다. 그러나 우리의 지성이 더럽고 살인적이고 무자비하고 도둑질하고 부도덕하고 형편없고, 음탕하며, 정신이 더럽고 악한 생각에 물들어 더러워져 있다면, 영혼은 왕의 결혼식에 알맞은 의복을 입지 못했으므로 두려워하고 떨면서 주님의 신방에 들어갑니다. 이는 영혼이 온갖 무익한 말에 대해 해명해야 하며, 악한 행위 때문에 심문을 받아야 한다는 것을 잘 알고 있기 때문입니다. 복음서에는 "임금이 손님들을 보러 들어올새 거기서 예복을 입지 않은 한 사람을 보고 이르되 친구여 어찌하여 예복을 입지 않고 여기 들어왔느냐 하니 그가 아무 말도 못하거늘"(마:22:11-12)이라고 기록되어 있습니다. 이 세상에서 지성과 마음과 정신을 흠 없이 깨끗하게 보존하지 않고, 죄를 향한 욕망에 복종하고, 악한 일로 지성과 마음과 정신을 더럽힌 사람에게는 큰 수치와 치욕이 기다리고 있습니다!

지극히 영화로우신 왕 모든 사람 앞에서 심문하실 때 그는 큰 수치를 경험하므로 아무 말도 못 하고 자신을 변호하지 못할 것입니다. 단지 끔찍한 수치만 당하는 것이 그가 당하는 형벌일까요? 그렇지 않습니다. "임금이 사환들에게 말하되 그 손발을 묶어 바깥 어두운 데에 내던지라 거기서 슬피 울며 이를 갈게 되리라 하니라"(마 22:13)라는 말씀처럼 최악의 상황이 기다리고 있습니다.

영혼이 몸을 떠나 더러운 상태로 깨끗하신 왕 앞에 설 때 이러한 판결을 받지 않으려면, 죽기 전에 회개의 눈물과 탄식과 마음을 상하게 하는 것과 하나님 기억으로 영혼의 옷을 눈처럼 깨끗이 하려고 노력해야 합니다. 하나님을 기억하는 것과 마음으로 탄식하는 것과 마음을 상하게 하는 것이 구원을 초래하는 눈물을 낳습니다. 상한 마음과 하나님 기억으로 흘리는 눈물이 정신을 깨우치고 지성을 정화하여 흠 없이 밝고 깨끗하게 합니다.

눈물은 외관상 세상 것처럼 보이지만 그렇지 않습니다. 영에 따르는 눈물은 천상에 속합니다. 이 눈물이 신비하게 영혼의 영적인 옷을 씻어 빛처럼 깨끗하고 희게 합니다. 사람이 하나님 때문에 울 때, 회개의 빛이 그의 지성을 깨우치고 정신을 비추어줍니다. 그때 그의 영혼의 옷이 밝아집니다. 그의 지성과 정신이 밝아진 것이 하나님을 향한 사랑에서 흘린 눈물 때문인지 회개의 눈물 때문인지는 다음과 같은 방식으로 증명됩니다:

사람의 지성과 정신이 눈물로 정화될 때, 천사들과 모든 영적 피조물이 함께 누리는 친밀함과 영혼의 고귀함을 볼 뿐만 아니라 정신의 깨끗함과 끊임없이 흘리는 눈물로 지성이 계몽된 분량에 따라 지극히 높으신 하나님을 봅니다. 어느 지혜로운 사람이 "지성이 하나님을 본다"[1]라고 말한 것은 이것을 암시합니다. 즉 하나님 사랑으로 말미암아 끊임없이 흘리는 눈물로 지성이 정화되는

---

1) Philo, *On Dreams* 2.173.

분량에 비례하여 하나님의 영광을 봅니다.[2]

마음에 하나님 사랑이 없는 사람은 하나님의 영광을 볼 수 없습니다. 마음에 하나님 사랑이 없는 사람은 하나님 사랑 때문에 눈물을 흘리는 것의 의미를 알지 못합니다. 하나님 때문에 울지 않는 사람의 지성과 정신에서 어떻게 죄의 안개가 깨끗이 제거될 수 있겠습니까? 여기서 죄란 지성이 하나님을 향한 사랑 때문에 눈물 흘리는 것을 방해하는 모든 것을 의미합니다.

눈물로 깨끗해지지 못한 지성은 하나님의 영광을 보지 못합니다. 또 마음이 성령의 은혜와 위로를 맛보지 못합니다(이 말은 영

---

[2] 정화된 지성, 즉 "마음이 청결한 자"(마 5:8)의 영적 눈이 정화된 정도(程度)에 따라서 하나님 나라의 영광을 보게 된다. "본다"란 "관상"으로도 표현되는데, 첫 단계는 피조물의 제2 본성(2nd nature), 예를 들면 "꽃의 아름다움"을 보고, 그다음에 제1 본성(1st nature) "지고한 하나님의 아름다움"을 본다. 재정리하자면, 정화된 지성은 이제 관상의 단계로 옮아가는데, 그 정도에 비례해서 나아간다.

한글 역본 『필로칼리아』(제3권)에 다메섹의 피터(Peter of Damaskos)는 "관상의 여덟 단계"를 정리해 놓았다(156-203쪽 참조). 이 성인의 교훈에 의하면 관상(합일)은 정화와 조명의 단계를 거친 후 도달하는 마지막 단계이지만, 관상은 정화와 조명을 필수(必須)한다. 그러므로 정화→조명→합일(관상)의 과정은 직선형이 아니라, 끊임없이 성장해가는 과정, 즉 "불완전함의 완전"(perfection of imperfection)으로 나아가는 나선형 패턴이다.

혼 안에서 이러한 영적 은혜와 위로를 맛본 하나님의 종들만 이해할 수 있습니다). 영혼이 하나님의 은혜와 기쁨을 맛보지 못하면, 하나님의 사랑과 자비가 마음을 꿰뚫지 못하므로 세상 것에 대한 동경과 욕망에서 벗어나지 못합니다.

마음은 즐기는 것을 바라며, 섬기는 것의 종이 됩니다. "죄를 범하는 자마다 죄의 종이라"(요 8:24). 죄의 종이 된 사람의 정신은 하나님을 보지 못합니다. 그는 마음에서 성령의 위로, 고결한 사람에게 위안을 주는 위로를 빼앗깁니다. 성령의 위로는 거룩하신 왕의 약속입니다. 그리스도는 이 약속으로 우리를 "눈으로 보지 못하고 귀로 듣지 못하고 사람의 마음으로 생각하지도 못한"(고전 2:9) 선한 것, 창세 전에 친구들을 위해 예비하신 것으로 초대하십니다. 어떤 사람이 결혼식 청첩장을 받았다고 생각해 보십시오. 그는 청첩장을 보면서 결혼식에서 이루어질 기쁨에 대해 생각하고, 결혼식에 참석하기 위해 언제 출발해야 할지 계산해봅니다. 이런 까닭에 주님은 비유로 다음과 같이 말씀하셨습니다: "천국은 마치 자기 아들을 위하여 혼인 잔치를 베푼 어떤 임금과 같으니"(마 22:2), 다시 말해서 아버지 하나님이 우리를 영원한 나라로 초대하시려고 독생자를 우리에게 보내셨습니다. 시편 기자는 "주의 나라는 영원한 나라이니 주의 통치는 대대에 이르리이다"(시 145:13)라고 말했습니다.

그리스도는 우리를 하나님의 나라로 초대하셨습니다. 어떤 방식으로 초대하셨습니까? 말로 초대하셨습니까, 아니면 다른 방식으로 초대하셨습니까? 말로만 초대하신 것이 아닙니다. 오늘날 사람들이 아들의 결혼식에 청첩장과 선물을 보내면서 사람들을 초대하는데, 하늘에서 내려오신 그리스도, 지극히 높으신 하나님의 아들이 귀한 선물과 초대장, 다시 말해서 영적이고 거룩하고 형언할 수 없는 표식을 보내어 우리를 자기 나라로 초대하시지 않겠습니까? 만일 거룩하고 영적인 표식이 없이 말로만 초대하셨다면, 그가 약속하신 것을 하늘나라에서 주실 것이라고 어떻게 확신할 수 있겠습니까?

이 표식이 어떤 것인지 알고 싶습니까? 들어 보십시오. 들은 후에 그리스도께 그것을 달라고 요청하십시오. 그리스도는 "구하라 그리하면 너희에게 주실 것이요"(마 7:7; 눅 11:9)라고 말씀하십니다. 그러므로 당신의 마음은 눈으로 보지 못하고 귀로 듣지 못하고 지성으로 생각하지 못했던 것(고전 2:9 참조)을 부분적으로 이해할 것입니다.

(인간의 구원을 위해 하늘의 왕이 이 땅에 태어나신 것을 가리키는 별이 동방박사들에게만 보인 것처럼) 신실한 자들에게만 보이는 거룩한 표식, 그리스도께서 그의 나라에서 주시겠다고 약속하신 장래의 선한 것을 알게 하기 위해서 보여주시고 주시는 하늘

의 영적 표식은 성령의 은혜입니다. 이 은혜가 다가와서 마음을 부드럽게 하고 위로하고 장래에 받을 선한 것들에 대한 정보를 알려줄 때, 마치 마음이 거룩한 사랑의 화살에 찔려 상처를 받는 것 같습니다. 그것은 그를 이 세상 것에 대해 무관심하게 하고 잊게 하며, 장래의 것을 사랑하고 사모하며, 그의 영혼이 육체에서 벗어나 바라던 것을 향해 갈 때를 기다리게 합니다.

"주 예수 그리스도 하나님의 아들이시여, 나를 불쌍히 여기소서"라고 기도하면서 마음을 상하게 하십시오. 오랫동안 마음 깊은 곳 마음의 중심에서 이 기도를 하면 갑자기 하나님의 사랑이 마음을 찌르며, 내면에 거룩한 사랑의 불이 붙을 것입니다. 이런 식으로 기도하는 즉시 마음이 깨끗해지고 내면에 창조주가 거하실 수 있도록 준비됩니다. "예수께서 대답하여 이르시되 사람이 나를 사랑하면 내 말을 지키리니 내 아버지께서 그를 사랑하실 것이요 우리가 그에게 가서 거처를 그와 함께 하리라"(요 14:23).

마음이 하나님의 사랑의 화살에 찔린 이유를 아시겠습니까? 이는 마음을 지으신 하나님이 오셔서 그 안에 계시기 위해서입니다.

하나님께서 마음에 거하러 오셨다는 것을 이 표식으로만 알게 되었습니까, 아니면 다른 표식이 있습니까? 이것을 보여주고 확신하게 해주는 표식들이 많습니다. 그것들은 보이지 않는 하나님의 거처가 된 마음만 알기 때문에 신비한 표식이라고 불립니다.

하나님께서 마음 안에서 설명할 수 없이 기이하게 신적 에너지를 작동하시기 때문에 마음으로만 그것을 알 수 있습니다. 어떤 사람은 다음과 같이 생생하게 이것에 대해 말했습니다:

마음이 하나님을 기억해야 할 특별한 이유가 없고, 하나님을 기억하면서 기뻐해야 할 이유가 없이 가책 때문에 느끼는 영적인 뜨거움 때문에 펄쩍 뛸 때, 마음은 보이지 않는 하나님의 성전이요 거처가 되었음을 압니다. 하나님을 기억하는 데서 생겨 나오는 가책은 영혼과 마음의 형언할 수 없는 기쁨입니다. 특히 신적 계시, 환상을 본 후에 하나님을 기억할 때 그러한 기쁨이 생겨납니다.

그러므로 성도들이 춤추는 이야기를 들을 때, 이것이 그들의 엄청난 기쁨, 영광의 주님의 피조된 것이 아닌 형언할 수 없는 아름다움을 볼 때 느끼는 기쁨을 의미한다고 이해하십시오. 성도들은 하나님을 대면하여 볼 때(이것은 가장 복된 일이요 궁극적으로 바라는 것입니다) 주님의 기쁨 안에서 신비하게 춤을 춥니다. 즉 주의 기쁨 안에서 기뻐하고 즐거워하게 됩니다. 지금 이 세상에서도 하나님의 종이 주님의 두렵고 보이지 않는 영광을 볼 수 있게 될 때 이런 일이 발생합니다. 그러한 사람은 사람의 말로 표현할 수 없는 기쁨을 받습니다.

"주님은 잘하였도다 착하고 충성된 종아 네가 적은 일에 충성하였으매 내가 많은 것을 네게 맡기리니 네 주인의 즐거움에 참여할지어다"(마 25:21)라고 말씀하십니다. 이것은 사람이 지칠 줄 모르고 성실하게 주님의 계명을 실천하며, 주님의 은혜로 획득한 덕 때문에 그 마음이 교만하지 않고 한층 더 겸손해질 때, 다볼 산에서 세 명의 제자에게 신성의 빛을 보여주신 것처럼(마 17:1-9; 막 9:2-13; 눅 9:28-36 참조), 영광의 주님이 신실한 종의 마음에 신적 영광의 빛을 비추어 주신다는 의미입니다. 신실한 종의 영혼이 신비하게 주님의 신적 영광의 빛을 보며 마음이 그것을 맛볼 때 영혼은 주님의 영광 안에서 기뻐하며, 그의 마음은 내면에서 뛰고 춤춥니다. 이것이 "네 주인의 즐거움에 참여할지어다"라는 말의 의미입니다. 영광의 주님은 다음과 같이 말씀하시는 듯합니다: "선하고 신실한 종아, 네가 지칠 줄 모르고 성실하게 내 계명을 지켰으므로, 나는 네가 나의 영광을 보며 내 얼굴을 분명히 볼 자격이 있다고 생각한다. 나의 은혜로 나의 영광과 얼굴을 볼 자격이 있다고 여김을 받는 사람의 마음은 기뻐할 것이며 그 영혼은 내 얼굴을 보고 즐거워할 것이다. 그의 기쁨은 세상의 모든 좋은 것을 받을 때 경험하는 기쁨보다 수십만 배나 더할 것이다."

### 가책의 기도

"주님, 나의 사랑하는 예수 그리스도, 영광의 왕이시여, 가련한 내 몸과 영혼이 무릎을 꿇습니다. 주님의 비할 수 없이 선하심을 의지하여 간구하오니 비천한 종에게 주님의 아름다운 얼굴, 복된 얼굴, 지극히 깨끗한 얼굴을 보여 주십시오. 그것은 바라는 모든 것 중에 궁극적이고 절대적입니다. 주님의 종들 중에 가장 비천한 나의 연약한 상태가 허락하는 만큼만 주님의 얼굴을 보겠습니다. 영광의 주님, 은혜로 주님의 얼굴을 보게 된다면, 내 정신이 부드러워지고 내 생각이 즐거울 것입니다. (시편 기자는 '나의 기도를 기쁘게 여기시기를 바라나니 나는 여호와로 말미암아 즐거워하리로다' [시 104:34]라고 말했습니다). 영광의 주, 내 사랑하는 그리스도시여, 주께서 영광스러운 얼굴을 보여주시면 내가 한없이 기쁠 것입니다. 주님의 영광스러운 얼굴을 볼 때 신비하게 주님의 영광의 은혜가 내게 가득할 것입니다. 시편 기자는 '나는 의로운 중에 주의 얼굴을 뵈오리니 깰 때에 주의 형상으로 만족하리이다' [시 17:15]라고 했습니다. 위로의 주님, 주께서 영광스러운 얼굴을 보여주시지 않으면, 내가 어떻게 영적으로 즐거워할 것이며, 하나님을 사랑할 수 있겠습니까? 주님의 은혜로 내 하나님이신 주님을 사랑할 자격이 있다고 여겨지지 않는다면, 어떻게 내가 주님 안에 거하고 주님이 내 안에 거하실 수 있겠습니까?

"주님, 주님의 영광을 보여 주십시오. 내 영혼이 주님의 궁정, 사랑하는 주 하나님의 궁전 뜰을 그리워하고 사모합니다. 주님, 나는 구더기만도 못한 죄인의 괴수이지만, 주님의 선하심으로 말미암아 영혼의 눈으로 살아계신 주 하나님을 분명히 보며, 내 마음과 몸이 하나님께 기쁨의 노래를 부를 수 있을 것입니다(시 84:3).

"주님을 볼 때 내 마음과 몸은 설명할 수 없는 기이한 기쁨을 경험할 것입니다. 나의 주, 영광의 주님, 주님을 볼 때 내가 몸이 없는 존재가 된 것처럼 내 육체가 무거움을 잃고 가벼워진 것 같을 것입니다. 주님의 모습 때문에 느끼는 비할 수 없이 큰 기쁨과 즐거움 때문에 내 육체가 본래의 무거움을 잃은 것 같이 가벼움을 느낄 것입니다. 그러므로 주님의 거룩한 모습 앞에서 말할 수 없이 기뻐할 것이며, 설명할 수 없이 기이한 경륜 앞에서 산들이 신비하게 춤을 추듯이 내 육체도 신비하게 춤출 것입니다: '산들은 숫양들 같이 뛰놀며 작은 산들은 어린 양들 같이 뛰었도다'(시 114:4). 주님의 영광스러운 얼굴을 볼 때 이 일이 일어날 것입니다.

"주님, 내가 주님을 볼 자격이 있다고 여기신다면, 주께서 나를 사랑하시며 전능하신 주 하나님의 날개로 보이지 않게 나를 보호하신다는 확신을 주실 것입니다. 그러한 확신을 느끼는 순간부터 내 영이 성령의 불로 타오를 것이므로 나는 마음과 정신을 다하여 주님을 섬기려 할 것입니다. 비록 내가 흙으로 이루어진 몸을 입고 있으며 이 세상의 눈물 골짜기의 소란함에 휘말려 있지만, 주께서 내 눈앞에 나타나시는 것을 경험한다면, '주께서 명령하사 주의 법도를 잘 지키게 하셨나이다'(시 119:4)라는 말씀대로 단호하게 주님의 계명을 지키기로 결심할 것입니다.

"주님, 주님의 은혜로 이것을 성취하기를 원합니다: 주님은 '내 은혜가 네게 족하도다 이는 내 능력이 약한 데서 온전하여짐이라'(고후 12:9)고 말씀하셨습니다. 그때 주님이 찾아오심으로 내가 힘을 얻을 것입니다. 그 일이 내게 계명을 지킬 힘을 줄 것입니다. 주님, 내가 계명을 지켜 주님을 흡족하게 할 때, 눈보다 더 흰 보이지 않는 손이 높은 곳에서 십자가 표식으로 나를 축복하는 것을 영혼의 지적인 눈이 보이지 않게 지적으로 볼 것입니다. 나의 그리스도, 전능하신 주 하나님, 그때 거룩한 처소에서 보이지 않는 거룩한 손을 펴시며, 아버지의 사랑과 영적인 선하심으로 나를 축복하실 것입니다. 보이지 않지만, 주님의 선하신 복이 풍성하게 내 영혼 안에 밀려 들어올 것입니다.

"주님의 선하시고 거룩하신 손이 베푸시는 분명하지만 불가해한 복은 눈에 보이지 않게 내 영혼 위에 부어질 것입니다. 이는 바람이 불지 않으면서 하늘에서 눈이 내리는 것과 같습니다. 그러나 하늘에서 고요히 내리는 눈이 매우 차지만, 주님의 거룩한 손에서 내려오는 복은 눈처럼 차갑지 않지만 눈보다 더 희며, 내 영혼에 위로가 되고 감미롭고 우아하고 따뜻합니다. 그 복은 내 영혼이 부지런히 열정적으로 주님을 섬기게 할 것이며, 주님의 지극히 거룩한 뜻을 열심히 행하게 할 것입니다. 그러므로 '그들은 힘을 얻고 더 얻어 나아가 시온에서 하나님 앞에 각기 나타나리이다'(시 84:7)라는 시편 기자의 말처럼, 나는 영적으로 힘을 얻고 더 얻어 나아갈 것입니다.

"영광의 주님, 주님의 은혜를 받기 전에는 내 능력을 초월하는 큰일처럼 보이던 행위와 덕이 이제는 그렇게 여겨지지 않습니다. 나는 주님의 복으로 힘을 얻었기 때문에 그러한 행위와 덕을 몇 배나 더하려는 열심을 품습니다. 주님, 내가 주님의 도움을 받아 그것들을 더할 때 전보다 못지않게 다시 하나님이 나를 찾아와 주실 것이라고 확신할 것입니다. 내가 궁핍할 때나 거룩한 시온에서 마음 깊이 기도할 때 만민의 주, 이스라엘의 거룩하신 분, 영광의 왕께서 역설적인 방식으로 내 눈앞에 다시 나타나실 것입니다.

"능력의 주요 자비하신 주님, 세세토록 주님을 흡족하게 한 모든 사람의 기도로 말미암아 나에게 이 은혜를 주시고, 주님의 은혜롭고 지극히 거룩하신 얼굴, 바람직한 모든 것 중에서 궁극적인 것을 보여 주십시오. 주님, 모든 영적 갈망 중에서 가장 바람직하신 분이시여, 내가 한 시간 동안 주님을 보고 죽는 것이 주님을 보지 못한 채 수십만 년 사는 것보다 낫습니다. 의로우신 주님, 주님의 은혜로 단 한 번 주님을 볼 수 있게 된다면, 내 마음은 말과 정신을 초월하는 주님의 거룩한 모습을 보는 것이 장래의 거룩한 나라에 대한 불변의 약속이라고 확신할 것입니다. 이 세상에 사는 동안 한 번도 주님을 보지 못한다면, 내 마음은 다음 세상에서 주님의 나라의 영광을 누릴 것이라고 확신하지 못할 것입니다.

"주님, 내가 주님의 거룩한 모습을 보고 기뻐하게 하여 주십시오. 사람의 마음을 살피시는 주님은 가장 비천한 종인 내가 품은 갈망을 잘 아십니다. 시편 기자는 '악인의 장막에 사는 것보다 내 하나님의 성전 문지기로 있는 것이 좋사오니'(시 84:11)라고 말합니다. 의로우신 주님, 주님을 사랑하기 때문에 주님의 궁정 안에 거하는 사람들을 불쌍히 여기시고 사랑해 주십시오.

"주님, 우리의 조상 다윗은 '여호와는 의로우사 의로운 일을 좋아하시나니 정직한 자는 그의 얼굴을 뵈오리로다'(시 11:7)라고 말하면서 주님의 의를 선포했습니다. 주님, 끊임없이 주님을 영화롭게 하는 사람을 영화롭게 하시고 축복하여 주십시오. 세세토록 주님만 복되고 영화로우십니다." 아멘.

## 담론 18

지성의 기도로 천상의 희락을 얻었다는 영적 표식에 관하여

시편 기자는 "왕은 정의를 사랑하고 악을 미워하시니 그러므로 하나님 곧 왕의 하나님이 즐거움의 기름을 왕에게 부어 왕의 동료보다 뛰어나게 하셨나이다"라고 말합니다.

이제 아버지 하나님께서 어떻게 즐거움의 기름을 부어 주시는지, 즐거움의 기름이 무엇인지, 누구에게 더 많이 부어 주시고 누구에게 덜 부어주시는지, 왜 기름을 부어 주시는지 등을 알아보겠습니다.[1]

---

1) 이 장에서는 영적 여정의 장애, 정념을 버린 후에 나타나는 천상의 희락(喜樂)에 대해서 다루고 있다. 즐거움(喜)은 영적 여정의 궁극적 목적, 하나님 나라를 발견할 때 느끼는 "기쁨"이며, 하나님 나라의 실재(實在)를 체험했을 때, 즉 실재를 맛보아 알 때 느끼는 "즐거움(樂)"이

아버지 하나님께서는 외아들을 세상에 보내시면서 그에게 모든 성도들보다 더 많은 즐거움의 기름을 부어주셨습니다. 하나님은 모든 성도들에게 그들의 깨끗함과 의로움 때문에 즐거움의 기름을 부어주셨습니다. 아버지 하나님께서 모든 성도보다 더 많은 즐거움의 기름을 그리스도에게 부으셨다는 것은 그리스도를 향한 아버지 하나님의 큰 사랑을 가리킵니다. 왜냐하면 아버지 하나님과 그리스도는 하나의 본질을 소유하며, 그리스도께서 아버지에게 완전히 순종하셨기 때문입니다. 그러므로 아버지께서는 동료들보다 그에게 더 많은 기름을 부어주셨습니다. 그분은 더 많이 사랑하는 사람을 더 많이 축복하고 더 많은 기름을 부으십니다.

우리 주 그리스도께서 세상에 계실 때, 순진한 마음으로 그분을 바라보는 사람들이 볼 때 그분의 얼굴에 은혜가 가득하고 사랑스러웠기 때문에 한 번이라도 그리스도의 말씀을 맛본 영혼의 소유자, 그리고 그분의 복된 얼굴의 우아함에 끌린 사람의 정신과 마음에서 그 은혜가 지워질 수 없었을 것입니다. 하나님의 방식으로 은혜가 그리스도에게 부어졌고("왕은 사람들보다 아름다워 은혜

---

다. 이것을 현세에서 얻는 "천상의 희락"이다. 이 천상의 희락은 하나님께서 부어주시는 "즐거움의 기름"이라고 저자는 표현한다.

를 입술에 머금으니"[시 45:2]), 그리스도께서는 성실하게 듣고 혼을 다해 따르는 사람에게 풍성한 은혜를 주셨습니다.

그래서 "동료보다 뛰어나게 하셨나이다"라고 기록되었습니다. 하늘 아버지께서는 그리스도의 동료와 따르는 사람 각자에게 그리스도를 사모하는 분량에 따라 기름을 부어 주십니다. 성경의 여러 곳에서, 그리고 성인들의 전기에서 그들이 세상에 사는 동안 받아 누린 은혜에 대해 말합니다.

이 은혜는 무엇입니까? 그리스도의 동료들, 즉 과거에 그리스도를 따랐던 사람들과 지금 따르는 사람들의 영혼이 소유하는 "즐거움의 기름"은 무엇입니까? "즐거움의 기름"은 자격 있는 사람에게 말할 수 없는 즐거움과 신적 기쁨을 초래하는 "영적 은혜"인 듯합니다.

기독교인이 세심하게 그리스도의 계명 모두를 지키면 전능하신 하나님과 주 예수 그리스도께서 그를 사랑하시며, 그리스도께서 그 사람에게 자신을 나타내십니다: "나의 계명을 지키는 자라야 나를 사랑하는 자니 나를 사랑하는 자는 내 아버지께 사랑을 받을 것이요 나도 그를 사랑하여 그에게 나를 나타내리라"(요 14:21). 그리스도는 우리 영혼의 말로 표현할 수 없는 즐거움이십니다.

그리스도께서는 우리에게 자신을 나타내실 때 우리와 교제하시며 우리를 그의 말할 수 없는 즐거움에 참여하게 하십니다. 그 일

은 이렇게 이루어집니다:

우리는 순수한 몰약의 냄새를 맡으면서 그 향기를 취하며, 그 냄새가 우리를 즐겁게 합니다. 마찬가지로 그리스도께서 우리에게 자신을 나타내실 때(이것은 감각적이고 지적이며, 육적이고 영적인 것입니다), 우리도 그분의 은혜와 즐거움에 참여합니다. 그리스도의 은혜로 부음을 받고, 그 냄새를 맡고, 그 안에서 교감하며 그것을 나누어 받는 사람, 즉 그리스도에게서 즐거움의 기름 부음을 받는 사람은 우리와 교제하면서 그리스도에게서 받은 무진장한 영적 은혜를 나누어줍니다. 이것은 순수한 몰약에 손을 넣었다가 꺼내면 손에서 몰약 냄새가 나서 그 냄새를 맡는 사람을 즐겁게 해주는 것과 같습니다.

그러나 몰약에서 직접 냄새를 맡는 것(그리스도께서 우리 영혼에 주시는 은혜)과 몰약에 적신 것의 냄새를 맡는 것(그리스도의 은혜를 입고 속사람 안에서 즐거움의 기름 부음을 받은 성도들의 은혜)은 같지 않습니다. 그리스도에게서 은혜를 받은 성도가 자기를 존경하는 사람에게 은혜를 베푼다는 사실은 주님의 곧은 길을 걸어온 사람의 거룩함을 보여주는 표식입니다. 그리스도께서는 이 향기 표식과 영적 은혜로 사람 가운데서 그들을 영화롭게 하십니다.

주 예수 그리스도는 의로운 재판관이십니다. 그분은 그 소유한

덕에 따라서 각 사람에게 보상해 주십니다. 그분은 공정하고 의롭게 보상하십니다. 세베대의 아들들인 야고보와 요한의 어머니가 자기의 두 아들을 그리스도의 오른편과 왼편에 앉게 달라고 부탁하자 그리스도께서 대답하신 말이 이를 확인해줍니다: "내 좌우편에 앉는 것은 내가 주는 것이 아니라 내 아버지께서 누구를 위하여 예비하셨든지 그들이 얻을 것이니라"(마 20:23). 이 말씀의 의미는 다음과 같습니다: "여인이여, 당신이 부탁하는 일은 절대 일어나지 않을 것입니다. 의로운 재판관인 나는 흠이 없으신 어머니를 오른편에 앉히고 세례 요한을 왼편에 앉힐 것입니다. 그들의 덕과 거룩함은 당신의 아들을 크게 능가합니다. 당신의 아들 요한은 순결하며, 그러므로 나는 다른 제자들보다 요한을 사랑합니다. 그러나 내 어머니가 훨씬 더 순결하고 거룩하십니다. 그러므로 내 어머니를 오른편에 앉게 하고 싶습니다. 그분은 내 어머니요 여왕이십니다. 성경은 그녀에 대해서 이렇게 말합니다: '왕후는 오빌의 금으로 꾸미고 왕의 오른쪽에 서도다'(시 45:9). 야고보는 선하고 고결하며, 그의 생활방식이 내 마음에 듭니다. 그러나 '여자가 낳은 자 중에 세례 요한보다 큰 이가 일어남이 없도다'(마 11:11; 눅 7:28)라고 한 사람이 그보다 훨씬 고결하고 선합니다. 그는 나에게 세례를 준 요한입니다. 나는 내 나라에서 그를 내 왼편에 앉히고 싶습니다."

하나님은 모든 것을 의롭게 판단하시므로, 더 고결한 사람을 더 가까이 두십니다. 하나님은 더 가까이 둔 사람에게 더 크고 풍성한 은혜를 주십니다. 하나님은 그의 이름이 생명책에 기록되었으며 내세에서 하나님과 함께 있으리라는 것을 확신하게 하시려고 그에게 다른 사람보다 더 많은 즐거움의 기름을 부어 주십니다. 예수님은 "귀신들이 너희에게 항복하는 것으로 기뻐하지 말고 너희 이름이 하늘에 기록된 것으로 기뻐하라"(눅 10:20)고 말씀하십니다. "동료보다 뛰어나게 하셨나이다"라는 구절의 뜻은 이와 같습니다: 현세에서 하나님은 어떤 사람에게는 즐거움의 기름을 많이 부어 주시고, 어떤 사람에게는 적게 부어 주십니다. 각 사람은 노력, 덕, 겸손 등에 비례하여 기름 부음을 받습니다. 하나님은 각 사람이 자기 이름이 하늘에 기록된 것, 그리고 이 세상을 떠날 때 받을 영광을 알게 하십니다. 각 사람은 자기 영혼이 즐거움의 기름을 맛보았다는 것을 다음과 같은 표식으로 알게 됩니다;

사람의 영혼이 지적으로 신적 즐거움의 기름을 맛보기 전에, 그리고 마음이 감각적으로 그것을 맛보기 전에 그는 신적인 일에 서툴고, 영적인 일을 좋아하지 않으며, 쉽게 덕을 향해 움직이지 않고, 마음이 매우 차가웠습니다. 하나님과 성인들에 대한 마음이 냉랭했습니다. 기름을 치지 않은 음식은 맛이 없어 보입니다. 음식에 기름을 치면 맛이 있고 식욕이 동하며 바람직해 보입니다.

마찬가지로 영혼에 즐거움의 기름이 부어지지 않은 사람은 냉랭하며, 쉽게 하나님의 말씀을 향해 움직이지 않습니다. 세상에는 특히 금식과 관련하여 하나님의 말씀대로 하려 하지 않는 사람이 많습니다. 성인들은 금식 때문에 하나님을 기쁘시게 합니다. 어떤 사람은 하나님의 말씀대로 하는 것을 어렵게 여겨 마치 무거운 모래 가방이나 납덩이를 등에 지고 가라는 요청을 받은 듯이 행동합니다. 그들은 "내 멍에는 쉽고 내 짐은 가벼움이라"(마 11:30)는 그리스도의 말씀을 잊고 있습니다.[2]

그러므로 그들은 마음에 그리스도의 은혜를 소유하지 않습니다. 그리고 하나님의 거룩한 계명을 행하는 것이 불안하고 성가시다고 생각합니다.

처음부터 강력하게 하나님의 말씀을 행하는 사람("세례 요한의 때부터 지금까지 천국은 침노를 당하나니 침노하는 자는 빼앗느니라"[마 11:12]), 하나님 사랑에 몰입하여 자기 영혼을 구하고, 영

---

2) 아직 "천상의 희락"을 한 번도 체험하지 못했을 때, 복음의 계명을 실천하는 것이 힘들고 즐겁지 않다. 그래서 힘들게 복음의 계명을 실천하고 금식하고 하나님의 일을 하다가도, 다시 세상 쾌락의 대상으로 되돌아가는 영적 요요현상이 일어난다. 그래서 저자는 이러한 상태에서 영적인 의무를 행하는 것이 "납덩어리를 지고 가는 듯하다"라고 했다.

혼 안에 하나님의 은혜를 받으며, 하늘나라의 보증인 즐거움의 기름을 마음에 받는 사람, 즉 영혼에 성령을 받은 사람은 열심히 하나님의 말씀을 행합니다. 그는 영적인 일에 지칠 줄 모르며 성실합니다. 이는 그의 영혼이 하나님의 은혜를 맛볼 때 마음도 기쁨의 기름을 맛보았는데, 그것이 그의 내적 감각, 즉 몸의 속 부분과 영혼의 감각을 즐겁게 하고 평온하게 하고 유쾌하게 하기 때문입니다. 그런 사람의 마음과 몸의 얼굴은 매우 즐겁고 쾌활합니다.[3]

다음의 말씀은 이것을 묘사합니다: "사람의 얼굴을 윤택하게 하는 기름"(시 104:15); "마음이 즐거운 자는 항상 잔치하느니라"(잠 '15:14). 당신 마음의 판단과 정신의 분별에 의하면, 극도의 자기 억제를 실천하는 사람, 세상의 먹을 것과 마실 것을 삼가는 사람, 영혼에서 솟아오르는 영적 기쁨과 즐거움으로 빛나는 사람을 어떻게 생각하십니까? 이런 일이 하나님의 은혜와 성령의 위로 때문에 그에게 발생했다고 생각하지 않습니까?

---

[3] 그러나 한 번 "천상의 희락"을 체험한 후에는 희락의 대상이 감각적 쾌락의 대상이 아니라 하나님의 나라로 바뀐다. 다시 말해서 이전에는 세상의 쾌락을 추구했지만, 이제 하나님의 나라를 "맛보아 안 후에는" 감각적 쾌락의 대상을 증오하고 하나님 나라를 추구하게 된다. 그래서 그동안 힘들고 어렵게 여겼던 영적 수행이 이제는 기쁘고 행복하다.

분명히 하나님의 은혜와 성령의 위로 때문에 그런 일이 발생합니다! 만일 (예수님을 대적한 유대인들처럼) 질투와 시기심에 사로잡힌 교만한 사람이 이런 일의 근원을 알지 못하여 침묵하는 체하거나, 상대방에 대한 좋지 않은 정념 때문에 이런저런 말을 한다면, "만일 이 사람들이 침묵하면 돌들이 소리 지르리라"(눅 19:40)는 주님의 말씀에 따라 이성이 없는 짐승들이 진리를 증언할 것입니다. 길들이지 않은 야생 짐승들이 복된 사람의 얼굴을 보거나 음성을 들으면, 그의 얼굴, 외모, 음성을 공경하기 때문에 즉시 양처럼 순하게 길듭니다.[4]

위에서 하나님의 즐거움의 기름에 대해 충분히 다루었습니다. 이제 마귀의 기름에 대해 이야기하겠습니다. 하나님이 사람의 머리에 거룩한 기름을 부어 주시듯이("기름을 내 머리에 부으셨으니"[시 23:5]), 즉 성령의 은혜가 깨끗하고 신중한 사람의 마음을 상쾌하게 하고, 영적인 일과 거룩한 활동에서 영적인 즐거움으로 힘을 주어 강하게 해주듯이, 마귀도 방탕하고 음란한 사람에게 부

---

4) 여기에서는 야생짐승들과 친근하게 지낸 사로프의 세라핌, 곰과 사자들과 성 요단의 게라시모스처럼 평화롭고 친근한 관계를 유지한 성인 등을 상기시켜준다.

정한 기름을 부어 줍니다. 마귀의 기름은 그러한 사람의 정신을 자극하여 육적인 것을 향하게 합니다. 바울의 말에 의하면 마귀는 기름으로 그를 자극하여 말하기도 부끄러운 일을 행하게 합니다 **(엡 5:12 참조)**. 시편 기자는 마귀의 기름에 대해 다음과 같이 말합니다: "나의 머리 위에 악인들이 기름 바르지 못하게 하소서"**(공동번역: 시 141:4)**. 마귀는 사람을 함정에 빠뜨려 마귀의 뜻을 행하게 하려면, 먼저 그에게 아첨할 것입니다. 그래서 먼저 그의 머리에 기름을 바릅니다. 즉 그의 정신에 음란의 기름을 바르는데, 그것은 상상을 통해서 기름처럼 부드러운 모습으로 정신에 나타납니다. 그러나 그것은 기름처럼 부드럽지 않으며 담즙처럼 씁니다. 앞에서 말했듯이 마귀는 먼저 욕망의 쾌락을 통해서 사람의 정신을 달래며, 정신이 점차 쾌락의 공격을 받아들일 때, 즉 정신이 육욕적인 호기심에 정복되고 그것에 만족할 때, 마귀에게서 비롯된 욕망이 곧바로 마음에 들어갑니다. 육욕 또는 마귀의 에너지가 사람의 마음에 뿌리를 내리면, 마귀는 그가 원할 때마다 간음하게 하며, 그는 마음으로 간음합니다.

그리스도께서는 "음욕을 품고 여자를 보는 자마다 마음에 이미 간음하였느니라"**(마 5:28)**라고 말씀하십니다. 어떤 사람에게 이런 일이 발행하고 쾌락욕이 마음에 뿌리를 내리면, 마귀는 그가 원할 때마다 쉽게 몸으로 간음하게 할 수 있는데, 그것은 영혼의 죽음입니다.

그러므로 야고보는 "오직 각 사람이 시험을 받는 것은 자기 욕심에 끌려 미혹됨이니 욕심이 잉태한즉 죄를 낳고 죄가 장성한즉 사망을 낳느니라"(약 1:14-15)라고 말합니다.

이런 상태에 이르지 않으려면 처음부터 마음과 정신에서 마귀의 기름이라 불리는 육욕과 악한 욕망, 즉 죄의 선구자인 간음의 길을 제거해야 합니다. 눈물을 흘리면서 마음으로 "나의 머리 위에 악인들이 기름 바르지 못하게 하소서"라고 기도해야 합니다. 다시 말해서 다음과 같이 기도해야 합니다: "하나님, 은혜로 나를 덮어 주십시오. 나의 주여, 악한 욕망이 내 마음에 뿌리내리지 못하게 해주십시오." 또는 "나의 하나님, 즐거움의 기름과 순결의 기름을 내 머리에 발라 주십시오. 그리하면 내 정신이 주님을 기억하고 묵상하는 데 만족할 것이며, 내가 밤낮 주님의 거룩한 법을 묵상할 것입니다. 왜냐하면 온갖 좋은 은사와 온전한 선물이 다 위로부터 빛들의 아버지로부터 내려오기 때문입니다(약 1:17)"라고 기도해도 좋습니다.

아버지와 아들과 성령, 나뉠 수 없는 한 분이신 삼위께 이제부터 영원히 세세토록 영광을 돌립니다. 아멘.

# 담론 19

마음 깊은 곳이 아플 때까지 쉬지 않고
그리스께 바치는 지성의 기도

이 책은 "세상에 사는 사람보다는 세상이 나를 대하여 십자가에 못 박히고 내가 또한 세상을 대하여 그러하니라"(갈 6:14)는 말씀에 따라 세상에 대해 십자가에 못 박힌 사람을 위한 책입니다.

내면에 계신 주님의 선하심을 맛보기를 원하십니까? 다시 말해서 주님의 선하심과 사랑스러움이 영혼 안에서 흐르며, 그것이 당신의 영혼을 사랑스럽게 해주기를 원하십니까? 그렇다면 마음 깊은 곳이 아플 때까지 쉬지 말고 지성으로 그리스도께 기도하십시오.[1]

---

1) [담론 16] 풋노트 1을 참조할 것.

당신은 살아있는 동안 주님의 꿀을 맛보기를 원합니까? 그렇다면 마음 깊은 곳이 아플 때까지 쉬지 말고 지성으로 그리스도께 기도하십시오.

신적 계시를 통해서 영혼의 아름다움과 고귀함을 거울로 보듯이 보기를 원합니까? 그렇다면 마음 깊은 곳이 아플 때까지 쉬지 말고 지성으로 그리스도께 기도하십시오.

정신의 눈이 조명되기를 원합니까? 또는 영혼의 눈이 열려 눈으로 본 적이 없는 것을 보기를 원합니까? 그렇다면 마음 깊은 곳이 아플 때까지 쉬지 말고 지성으로 그리스도께 기도하십시오.

귀로 들은 적이 없는 것을 듣기를 원합니까? 그렇다면 마음 깊은 곳이 아플 때까지 쉬지 말고 지성으로 그리스도께 기도하십시오.

그리스도께서 약속하신 하늘나라의 불가해하고 거룩한 것을 알기를 원합니까? 그것에 대해 조금이라도 알기를 원합니까? 그렇다면 마음 깊은 곳이 아플 때까지 쉬지 말고 지성으로 그리스도께 기도하십시오.

그리스도께서 당신의 영혼 안에 거하시면서 세상이 알지 못하는 것을 보여 주시기를 원합니까? 그렇다면 마음 깊은 곳이 아플 때까지 쉬지 말고 지성으로 그리스도께 기도하십시오.

우리 주 예수 그리스도의 아버지이신 전능하신 하나님의 사랑을 받고 싶습니까? 그렇다면 마음 깊은 곳이 아플 때까지 쉬지 말고 지성으로 그리스도께 기도하십시오.

내면에서 하늘나라의 선한 것들을 경험하기를 원합니까? 그렇다면 마음 깊은 곳이 아플 때까지 쉬지 말고 지성으로 그리스도께 기도하십시오.

그리스도의 사랑받는 친구가 되기를 원합니까? 그렇다면 마음 깊은 곳이 아플 때까지 쉬지 말고 지성으로 그리스도께 기도하십시오.

사탄이 당신을 보고 몸서리치며 두려워 떨기를 원합니까? 그렇다면 마음 깊은 곳이 아플 때까지 쉬지 말고 지성으로 그리스도께 기도하십시오.

마귀의 은밀한 덫에 걸리지 않기를 원합니까? 그렇다면 마음 깊은 곳이 아플 때까지 쉬지 말고 지성으로 그리스도께 기도하십시오.

원수인 사탄의 궤계를 무익하고 쓸모없게 하기를 원합니까? 그렇다면 마음 깊은 곳이 아플 때까지 쉬지 말고 지성으로 그리스도께 기도하십시오.

항상 악한 계획으로 당신을 사로잡으려 하는 자를 사로잡기를 원합니까? 그렇다면 마음 깊은 곳이 아플 때까지 쉬지 말고 지성으로 그리스도께 기도하십시오.

담론 19: 마음 깊은 곳이 아플 때까지 쉬지 않고
그리스께 바치는 지성의 기도

때때로 비틀린 욕망의 화살로 마음에 상처를 입힌 원수에게 보응이 임하는 것을 보기를 원합니까? 그렇다면 마음 깊은 곳이 아플 때까지 쉬지 말고 지성으로 그리스도께 기도하십시오.

날마다 당신을 찌르는 자를 찌르기를 원합니까? 그렇다면 마음 깊은 곳이 아플 때까지 쉬지 말고 지성으로 그리스도께 기도하십시오.

낮은 세계에서 보이지 않게 당신에게 화살을 쏘아대는 인정사정없는 원수에게 화살을 던지기를 원합니까? 그렇다면 마음 깊은 곳이 아플 때까지 쉬지 말고 지성으로 그리스도께 기도하십시오.

사탄의 세력을 세게 흔들고 방해하기를 원합니까? 그렇다면 마음 깊은 곳이 아플 때까지 쉬지 말고 지성으로 그리스도께 기도하십시오.

사탄의 군대 속으로 돌진해 들어갔다가 영원히 기억될 영광의 트로피를 가지고 나오기를 원합니까? 그렇다면 마음 깊은 곳이 아플 때까지 쉬지 말고 지성으로 그리스도께 기도하십시오.

영혼이 악한 영들의 군대를 물리치고 승리하기를 원합니까? 그렇다면 마음 깊은 곳이 아플 때까지 쉬지 말고 지성으로 그리스도께 기도하십시오.

당신이 마귀에게 매우 두렵고 끔찍하게 보일 뿐만 아니라 실제로 그렇게 되기를 원합니까? 그렇다면 마음 깊은 곳이 아플 때까지 쉬지 말고 지성으로 그리스도께 기도하십시오.

도망치는 음란의 귀신에게 큰 충격을 주기를 원합니까? 그렇다면 마음 깊은 곳이 아플 때까지 쉬지 말고 지성으로 그리스도께 기도하십시오.

귀신들 옆을 지나갈 때 (고춧가루를 뿌려 원수의 눈을 멀게 하듯이) 그들의 눈을 멀게 하여서 해를 입지 않고 안전하게 지나가기를 원합니까? 그렇다면 마음 깊은 곳이 아플 때까지 쉬지 말고 지성으로 그리스도께 기도하십시오.

마귀의 속임수를 조롱하고 그의 교활함을 거리의 진흙같이(시 18:42) 짓밟기를 원합니까? 그렇다면 마음 깊은 곳이 아플 때까지 쉬지 말고 지성으로 그리스도께 기도하십시오.

참새가 독수리를 두려워하고 동물들이 사자들 두려워하듯이, 귀신들이 당신을 두려워하기를 원합니까? 그렇다면 마음 깊은 곳이 아플 때까지 쉬지 말고 지성으로 그리스도께 기도하십시오.

보이지 않는 지적인 악한 아말렉족속, 즉 마귀를 궤멸시키기를 원합니까? 그렇다면 마음 깊은 곳이 아플 때까지 쉬지 말고 지성으로 그리스도께 기도하십시오.

마음에 그리스도를 받고, 거룩한 환상 속에서 그분을 보기를 원합니까? 그렇다면 마음 깊은 곳이 아플 때까지 쉬지 말고 지성으로 그리스도께 기도하십시오.

하나님의 독생자요 말씀이신 그리스도, 내면에 거주하시는 분, 끊임없이 묵상하는 분께서 아버지 하나님을 계시해 주셔서 신비하게 그분을 알게 되기를 원합니까? 그렇다면 마음 깊은 곳이 아플 때까지 쉬지 말고 지성으로 그리스도께 기도하십시오.

그리스도가 친구들에게 온유하고 선하고 관대하고 사랑스러운 분이심을 알기를 원합니까? 그렇다면 마음 깊은 곳이 아플 때까지 쉬지 말고 지성으로 그리스도께 기도하십시오.

그리스도의 나라가 어떤 곳인지 알기를 원합니까? 그렇다면 마음 깊은 곳이 아플 때까지 쉬지 말고 지성으로 그리스도께 기도하십시오.

참 하나님이신 그리스도의 은혜로 보는 것들 앞에서 지성이 놀라며 정신이 경탄하기를 원합니까? 다시 말해서 그리스도께서 계시해주시는 것들에 놀라고 경탄하기를 원합니까? 그렇다면 마음 깊은 곳이 아플 때까지 쉬지 말고 지성으로 그리스도께 기도하십시오.

그리스도께서 자기 종들에게 어떤 종류의 지적인 은혜를 주시는지 알기를 원합니까? 그렇다면 마음 깊은 곳이 아플 때까지 쉬지 말고 지성으로 그리스도께 기도하십시오.

세상에 있으면서 마음으로 세상과 싸우는 것을 사람들이 알지 못하게 하기를 원합니까? 그렇다면 마음 깊은 곳이 아플 때까지 쉬지 말고 지적으로 그리스도께 기도하십시오.

몸이 세상에서 사람들 가운데 있으면서 영혼은 천사들과 함께 하늘에 있기를 원하십니까? 다시 말해서 영혼이 천사들처럼 계속 하나님을 찬양하기를 원합니까? 그렇다면 마음 깊은 곳이 아플 때까지 쉬지 말고 지성으로 그리스도께 기도하십시오.

세상의 것을 보면서 하늘의 것에 관해 생각하기를 원합니까? 그렇다면 마음 깊은 곳이 아플 때까지 쉬지 말고 지성으로 그리스도께 기도하십시오.

하늘을 나는 새가 덫에 걸리지 않듯이, 마귀가 놓은 덫 가운데로 걸어가면서도 덫에 걸리지 않기를 원합니까? 그렇다면 마음 깊은 곳이 아플 때까지 쉬지 말고 지성으로 그리스도께 기도하십시오.

연기가 벌들을 혼란스럽게 하듯이, 귀신들의 정신을 혼란하게 하기를 원합니까? 그렇다면 마음 깊은 곳이 아플 때까지 쉬지 말고 지성으로 그리스도께 기도하십시오.

매복했다가 보이지 않는 원수를 공격하기를 원합니까? 그렇다면 마음 깊은 곳이 아플 때까지 쉬지 말고 지성으로 그리스도께 기도하십시오.

기도의 힘으로 마귀들을 괴롭혀 죽임당하는 돼지처럼 꽥 꽥 소리치며, 그것들의 악한 활동을 지옥으로 던지기를 원합니까? 그렇다면 마음 깊은 곳이 아플 때까지 쉬지 말고 지성으로 그리스도께 기도하십시오.

하나님의 영이 마음 안에 거하고 쉬시면서 영혼의 배를 안전하게 항해하게 해주시기를 원합니까? 그렇다면 마음 깊은 곳이 아플 때까지 쉬지 말고 지성으로 그리스도께 기도하십시오.

당신이 약속한 대로 그리스도의 종이 되며, 그리스도의 참된 친구로서 시련을 겪을 때 그리스도께서 보이지 않게 위로해 주시기를 원합니까? 그렇다면 마음 깊은 곳이 아플 때까지 쉬지 말고 지성으로 그리스도께 기도하십시오.

낙원과 지옥에 대한 성경 말씀을 대할 때 거룩한 계시로 말미암아 그것들을 이해하기를 원합니까? 그렇다면 마음 깊은 곳이 아플 때까지 쉬지 말고 지성으로 그리스도께 기도하십시오.

사람이 그리스도의 명령을 지키면 지적인 낙원이 되지만, 지키지 않으면 지적인 지옥이 된다는 것을 이해하기를 원합니까? 그렇다면 마음 깊은 곳이 아플 때까지 쉬지 말고 지성으로 그리스도께 기도하십시오.

당신 자신 안에서 성경에 기록된 것들을 보며, 너무 모호하고 고귀하기 때문에 교회의 교사들이 글로 전해주지 못한 것을 설명할 수 없는 방식으로 이해하기를 원합니까? 그렇다면 마음 깊은 곳이 아플 때까지 쉬지 말고 지성으로 그리스도께 기도하십시오.

영혼이 성령을 받았는지 확인하며, 당신의 이름이 생명책에 기록되었는지 확인하기를 원합니까? 그렇다면 마음 깊은 곳이 아플 때까지 쉬지 말고 지성으로 그리스도께 기도하십시오.

"세상이 나를 대하여 십자가에 못 박히고 내가 또한 세상을 대하여 그러하니라"(갈 6:14)라는 바울의 말처럼, 세상에 대해 십자가에 못 박히고 세상이 당신에 대해 십자가에 못 박히기 위해서 마음에서 그리스도가 십자가에 못 박히시기를 원합니까? 그렇다면 마음 깊은 곳이 아플 때까지 쉬지 말고 지성으로 그리스도께 기도하십시오.

주님의 은혜가 "어두울 때 퍼지는 전염병"(시 91:6)으로부터 당신을 보호하며, 하늘의 천사들이 흰 눈처럼 보이지 않게 당신을 둘러싸기를 원합니까? 그렇다면 마음 깊은 곳이 아플 때까지 쉬지 말고 지성으로 그리스도께 기도하십시오.

영혼의 귀로 하늘의 찬송을 들으며, 당신이 하늘나라에 합당하다고 여겨질 때 창조주를 어떻게 찬송할 것인지 조금이라도 알기를 원합니까? 그렇다면 마음 깊은 곳이 아플 때까지 쉬지 말고 지성으로 그리스도께 기도하십시오.

하늘의 만나가 무엇인지, 즉 영광의 주이신 그리스도가 형언할 수 없이 달콤한 맛인지 알기를 원합니까? 그렇다면 마음 깊은 곳이 아플 때까지 쉬지 말고 지성으로 그리스도께 기도하십시오.

성도들이 하늘에서 얼마나 빛나는지, 그리고 그들이 입은 옷이 무엇을 닮았는지 알기를 원합니까? 그렇다면 마음 깊은 곳이 아플 때까지 쉬지 말고 지성으로 그리스도께 기도하십시오.

성도들의 지적 거처가 무엇이며, 성도들에게 어떻게 영광이 채워지는지 알기를 원합니까? 그렇다면 마음 깊은 곳이 아플 때까지 쉬지 말고 지성으로 그리스도께 기도하십시오.

당신은 자신이 주님의 지적 낙원이 되기를 원합니까? 다시 말해서 순간적으로 표현할 수 없는 방식으로 내면에서 낙원의 모든 선한 것들을 보기를 원합니까? 다시 말해서 살아계신 하나님의 성전이 되며, 당신이 어떻게 하나님의 성전이 되는지 알기를 원합니까? 그렇다면 마음 깊은 곳이 아플 때까지 쉬지 말고 지성으로 그리스도께 기도하십시오.

하나님의 계시로 말미암아 인간의 영혼이 본질적으로 무엇인지 알며, 지혜로 영혼을 지으신 하나님의 지혜에 놀라기를 원합니까? 그렇다면 마음 깊은 곳이 아플 때까지 쉬지 말고 지성으로 그리스도께 기도하십시오.

생수의 강, 즉 거룩한 말씀과 영적인 개념들이 당신의 마음에서 흘러나오기를 원합니까? 그렇다면 마음 깊은 곳이 아플 때까지 쉬지 말고 지성으로 그리스도께 기도하십시오.

그리스도께서 자기를 사랑하고 계명을 지키는 사람에게 주시는 생수를 당신의 영혼이 마시기를 원합니까? 그렇다면 마음 깊은 곳이 아플 때까지 쉬지 말고 지성으로 그리스도께 기도하십시오.

"주의 말씀의 맛이 내게 어찌 그리 단지요 내 입에 꿀보다 더 다니이다"(시 119:103)라는 말씀대로 성경 말씀이 당신의 입에 꿀보다 더 달게 느껴지기를 원합니까? 그렇다면 마음 깊은 곳이 아플 때까지 쉬지 말고 지성으로 그리스도께 기도하십시오.

당신이 주님의 선하심을 기뻐하며, 영혼이 그리스도의 계명의 은혜를 맛보기 원합니까? 그렇다면 마음 깊은 곳이 아플 때까지 쉬지 말고 지성으로 그리스도께 기도하십시오.

그리스도의 은혜의 택한 그릇, 즉 성령의 그릇이 되며, 또 그렇게 되었음을 알기를 원합니까? 그렇다면 마음 깊은 곳이 아플 때까지 쉬지 말고 지성으로 그리스도께 기도하십시오.

"내 어머니와 내 동생들은 곧 하나님의 말씀을 듣고 행하는 이 사람들이라"(눅 8:21)라는 말씀처럼, 그리스도의 어머니와 형제가 되기를 원합니까? 다시 말해서 그리스도께서 당신의 마음에 영적으로 거하시면서 당신을 자신의 어머니요 형제로 여겨주시기를 원합니까? 그렇다면 마음 깊은 곳이 아플 때까지 쉬지 말고 지성적으로 그리스도께 기도하십시오.

진실로 덕을 행하는 자가 되기를 원합니까? 마음으로 그리스도만 사랑하십시오. 즉 끊임없이 마음으로 그리스도께 기도하십시오.

　인간의 말로 설명할 수 없는 것들이 들어 있는 그리스도의 보물 창고에 들어가서 말로 표현할 수 없는 것들을 보기 원합니까? 그렇다면 마음 깊은 곳이 아플 때까지 쉬지 말고 지성으로 그리스도께 기도하십시오.

　그리스도께서 그 거룩한 나라의 신비한 것들—그것을 보는 것에 대해 생각하려고 노력하는 모든 지성을 깜짝 놀라게 할 것입니다—을 보여 주시기를 원합니까? 그렇다면 마음 깊은 곳이 아플 때까지 쉬지 말고 성으로 그리스도께 기도하십시오.

　모든 곳에 편재하시는 참 하나님이신 그리스도, 끊임없이 묵상하는 대상이신 그리스도께서 슬픔 중에 당신을 위로해 주시며, 그의 은혜가 임하기를 원합니까? 그렇다면 마음 깊은 곳이 아플 때까지 쉬지 말고 지성적으로 그리스도께 기도하십시오.

　마음으로 드리는 지성의 기도가 모든 덕 중에 으뜸이며, 영혼의 가장 큰 능력이라는 것, 그것이 없으면 보이지 않는 영적인 것을 볼 수 없다는 것을 알기 원합니까? 그렇다면 마음 깊은 곳이 아플 때까지 쉬지 말고 지성으로 그리스도께 기도하십시오.

　당신의 영적인 활동으로 말미암아 악한 생각이 연기처럼 사라지며, 악한 집단이 격파되기를 원합니까? 그렇다면 마음 깊은 곳이 아플 때까지 쉬지 말고 지성으로 그리스도께 기도하십시오.

당신을 공격하는 귀신들에게 당신을 대적할 힘과 능력이 없으며, 당신의 거룩한 행위 앞에서 그들의 화살이 어린아이의 화살처럼 여겨지기를 원합니까? 그렇다면 마음 깊은 곳이 아플 때까지 쉬지 말고 지성으로 그리스도께 기도하십시오.

  사탄의 교묘한 책략을 거미줄처럼 제거하며, 사탄의 종인 마귀들을 비굴한 것들이라고 조롱하기를 원합니까? 그렇다면 마음 깊은 곳이 아프고 지칠 때까지 쉬지 말고 지성으로 그리스도께 기도하십시오.

  영혼의 힘을 소진하려 하는 자들의 힘을 소진하며, 하늘과 땅과 땅 밑에 있는 모든 피조물 앞에서 당신을 부끄럽게 할 방법을 찾으려 하는 자들을 부끄럽게 하기를 원합니까? 그렇다면 마음 깊은 곳이 아플 때까지 쉬지 말고 지성으로 그리스도께 기도하십시오.

  당신을 발견한 귀신이 당신 안에 거하는 그리스도의 은혜가 두려워 당신이 지나갈 때까지 숨기를 원합니까? 그렇다면 마음 깊은 곳이 아플 때까지 쉬지 말고 지성으로 그리스도께 기도하십시오.

  귀신의 무리 가운데 들어갔을 때 주님의 이름으로 그들을 공격하여 그들이 아픔을 견디지 못하며 자신의 불운을 슬퍼하며 탄식하게 하기를 원합니까? 이 일이 당신의 원수 마귀들에게 반드시 일어나기를 원합니까? 그렇다면 마음 깊은 곳이 아플 때까지 쉬지 말고 지성으로 그리스도께 기도하십시오.

귀신들의 감시초소(즉 귀신들이 쉽게 승리하는 곳, 그들이 승리의 트로피를 전시해둔 곳)를 지나갈 때, 그곳에 당신의 트로피와 메달을 전시하기를 원합니까? 그렇다면 마음 깊은 곳이 아프고 지칠 때까지 쉬지 말고 지성으로 그리스도께 기도하십시오.

보이지 않고 볼 수도 없는 원수들을 하나님의 이름이라는 양날 칼로 베어 산산조각 내기를 원합니까? 그렇다면 마음 깊은 곳이 아플 때까지 쉬지 말고 지성으로 그리스도께 기도하십시오.

루시퍼의 마음을 영적 화살로 찌르고, 지옥 군대를 번개로 치기를 원합니까? 그렇다면 마음 깊은 곳이 아플 때까지 쉬지 말고 지성으로 그리스도께 기도하십시오.

주의 분노로 장작처럼 타고 있는 마귀의 집에 뜨거운 재를 던지기를 원합니까? 그렇다면 마음 깊은 곳이 아프고 지칠 때까지 쉬지 말고 지성으로 그리스도께 기도하십시오.

귀신들이 당신을 하늘나라 왕의 용감한 군사처럼 두려워하기를 원합니까? 그렇다면 마음 깊은 곳이 아플 때까지 쉬지 말고 지성으로 그리스도께 기도하십시오.

눈에서 눈물이 샘처럼 흘러나오며, "마음이 불안하여 신음하나이다"(시 38:9)라는 말씀처럼 그리스도를 향한 뜨거운 사랑 때문에 신음하기를 원합니까? 그렇다면 마음 깊은 곳이 아플 때까지 쉬지 말고 지성으로 그리스도께 기도하십시오.

마음에 기쁨을 만들어내는 슬픔이 존재하며, 눈에 영혼을 구원하는 눈물, 영혼의 옷을 눈보다 더 희게 하는 눈물이 있기를 원합니까? 그렇다면 마음 깊은 곳이 아플 때까지 쉬지 말고 지성으로 그리스도께 기도하십시오.

어디에 살고 어디에 가든지 영적인 일과 관련하여 당신의 생각이 평안하며, 표면적 생활 방식과 관련하여 양심이 괴롭지 않기를 원합니까? 그렇다면 마음 깊은 곳이 아플 때까지 쉬지 말고 지성적으로 그리스도께 기도하십시오.

하나님께서 항상 당신을 기억하시며, 천사들이 당신을 보호해 주기를 원합니까? 그렇다면 마음 깊은 곳이 아프고 지칠 때까지 쉬지 말고 지성으로 그리스도께 기도하십시오.

영혼이 하나님의 위로에서 멀리 떨어져 있을 때, 갑자기 내면이 밝아져서 하나님의 위로를 발견하기를 원합니까? 그렇다면 마음 깊은 곳이 아플 때까지 쉬지 말고 지성으로 그리스도께 기도하십시오.

정신이 보이지 않는 것, 거룩한 것, 하늘의 것, 영적인 것에 몰두하기를 원합니까? 그렇다면 마음 깊은 곳이 아플 때까지 쉬지 말고 지성으로 그리스도께 기도하십시오.

몸이 표면적으로 찬송하는 것이 아니라, 영혼이 죽은 자들 가운데서 살아나신 그리스도의 은혜로 정념의 무덤에서 살아났다는 것, 즉 주님의 도우심으로 영혼이 무정념하게 되었음을 지적하면서 "그리스도가 부활하셨다"라고 찬송하기를 원합니까? 그렇다면 마음 깊은 곳이 아플 때까지 쉬지 말고 지성으로 그리스도께 기도하십시오.

정신이 신비하게 영들과 대화할 뿐만 아니라, 영들이 서로 대화하듯이 당신의 영혼이 영들과 대화하기를 원합니까? 그렇다면 마음 깊은 곳이 아플 때까지 쉬지 말고 지성으로 그리스도께 기도하십시오.

육신의 눈으로 구름 속에서 번개가 번쩍이는 것을 보듯이, 하나님의 은혜가 번개처럼 당신의 영혼 안에서 번쩍이는 것을 지성인 눈으로 보기를 원합니까? 그렇다면 마음 깊은 곳이 아플 때까지 쉬지 말고 지성적으로 그리스도께 기도하십시오.

하나님의 영이 당신의 영을 위로해주시며, 유형의 것이나 무형의 것이나 어떤 피조물도 당신을 그리스도에게서 떼어내지 못하기를 원합니까? 그렇다면 마음 깊은 곳이 아플 때까지 쉬지 말고 지성으로 그리스도께 기도하십시오.

"사람들보다 아름다우신"(시 45:2) 그리스도의 아름다움을 보기 원합니까? 그렇다면 마음 깊은 곳이 아플 때까지 쉬지 말고 지성으로 그리스도께 기도하십시오.

  예수님이 사랑스럽게 당신을 바라보며 위로해 주시기를 원합니까? 그렇다면 마음 깊은 곳이 아플 때까지 쉬지 말고 지성적으로 그리스도께 기도하십시오.

  그리스도께서 표현할 수 없는 방식으로 당신에게 나타나 주시기를 원합니까? 그렇다면 마음 깊은 곳이 아플 때까지 쉬지 말고 지성으로 그리스도께 기도하십시오.

  당신의 영혼이 예수님 앞에 이끌려 가기를 원합니까? 그렇다면 마음 깊은 곳이 아플 때까지 쉬지 말고 지성으로 그리스도께 기도하십시오.

  그리스도의 모습을 보면서 눈물 흘리기를 원합니까? 그렇다면 마음 깊은 곳이 아플 때까지 쉬지 말고 지성으로 그리스도께 기도하십시오.